背中を柔らかく鍛えると
サッカーはうまくなる

10代のための新しいトレーニング

樋口敦・著

(理学療法士)

KANZEN

サッカーがなかなか

それは
身体の前側を鍛えているから

　チームのトレーニングや時間外の自主トレーニングで、腹筋を鍛えていませんか？　あるいは、坂道や階段のダッシュといった、ボールを使わない走るだけのトレーニングは多くありませんか？　現在はSNSが発達して、世界の有名選手やビッグクラブがどんな練習をしているか、簡単に見ることができます。その中には、ジムでバーベルを持ち上げたり、激しい腹筋運動をしたり、素早いダッシュをしたりしている映像も多くあります。

　しかし、それらを安易に取り入れるのは、実は危険なことなのです。もちろん、筋力もダッシュ力も必要な能力ですが、それらのトレーニングで身につく筋力は、胸、お腹、太ももなど、身体の前側の筋肉です。「屈筋」と呼ばれるそれらの筋肉は、もちろん必要ないわけではありませんが、強化しすぎるとサッカーにおいてはマイナスに作用することがあります。

うまくならない理由

それは
筋肉を伸ばしすぎているから

　試合前のストレッチ、きっと多くのチームがやっていますよね。ストレッチは筋肉を伸ばしてほぐし、怪我を予防する効果があるので、運動の前後には必要なエクササイズです。

　しかしこれも、やりすぎることによる弊害があります。人間の筋肉は適正な長さが決まっているため、ストレッチで伸ばすのと同じくらい、縮める力も大事なのです。

　よく見るのは、股関節の周辺にある腸腰筋をストレッチで伸ばしすぎ、逆に縮めるトレーニングをせずに、縮める力がなくなった選手です。このような選手は強いキックが蹴れません。

　ストレッチに時間をとり、やわらかい身体にするのはいいことだと、長い間信じられていますが、縮める力が重要だということは意外と知られていません。

［サッカーの
パフォーマンスを
伸ばす3つの要素］

　本書に記載されているのは、身体作りにおいて本当に必要な「モビリティ」（可動性）、「スタビリティ」（安定性）、「ムーブメント」（連動性）という3つの柱を、どの年齢からでも取り組めるように構成したメニューです。自分の思い通りに身体を動かし、怪我をせず、相手に当たり負けしない身体を、この本のメニューをこなすことで手に入れてください。

1 モビリティ

関節や筋肉をどれくらい動かせるかという、可動性を意味しています。上下、左右、前後、回旋、あらゆる方向に広く動かせるようになることが理想です。

 P20

2 スタビリティ

広く動かせるようになった関節や筋肉を根元で支えるという、安定性を意味しています。いくら広く動かせるようになっても、フラフラしてしまっては意味がありません。

3 ムーブメント

腕、脚、胸など、身体の各部位を同時に動かす連動性を意味しています。サッカーをプレーしているときは、身体の複数の部位を動かすことが求められます。

10代のための新しいトレーニング
ヒグトレ
背中を柔らかく鍛えるとサッカーはうまくなる
目次

第1章 ヒグトレ理論編

- 01 脊柱のしなりが大きなパワーを生む 014
- 02 大きなパワーを伝える股関節と肩甲骨 016
- 03 トレーニングには段階がある 018
- 04 モビリティ（可動性） 020
- 05 スタビリティ（安定性） 022
- 06 ムーブメント（連動性） 024
- 07 トレーニングはいつからいつまでやればいいの？ 026
- 08 パフォーマンスを高める 028
- 09 基礎体力はいい選手の前提条件 030
- 10 身体をうまく扱える選手は？ 032
  レロイ・サネ／ラヒーム・スターリング／
  ハビエル・マスチェラーノ／
  アンドレス・イニエスタ／武藤嘉紀
- 11 どんなトレーニングをすればいいの？ 038

COLUMN　昔ながらの遊びが可動性を育む

第2章 ヒグトレ初級編

- 01 ペルビック・スパイン 044
- 02 スパイン・ローテーション 046
- 03 ヒップ・ローテーション 048
- 04 ショルダー・エクステンション 050
- 05 ヒップヒンジ 052
- 06 キャット＆ドッグ 054
- 07 ソラックス・ローテーション 056
- 08 ソラックス・エクステンション 058
- 09 トランク・ローテーション 060
- 10 スクエア・ブリッジ 062
- 11 クラビクル・ローテーション 064
- 12 スパイン・ウェーブ 066
- 13 スキャプラ・ムーブ 068
- 14 腸腰筋の引き上げ 070
- 15 ダイナミックハムストリングス 072
- 16 肋骨ひねり 074
- 17 ソラシックエクステンション 076
- 18 バックヒップ・ダイアゴナル 078
- 19 フロントヒップ・ダイアゴナル 080
- COLUMN　ダイナミックストレッチ

第3章 ヒグトレ中級編

- 20 コンプレックス・ブレス……………………088
- 21 プランク……………………………………090
- 22 スキャプラ・スタビライズ………………092
- 23 サイドブリッジ……………………………094
- 24 4ポイント・ヒップローテーション……096
- 25 ヒップリフト………………………………098
- 26 シングルレッグ・デッドリフト…………100
- 27 ディープ・スクワット……………………102
- 28 ヒップ・ウォーキング……………………104
- 29 ヒップ・ジャンプ…………………………106
- 30 かかとホッピング…………………………108
- 31 キネティック・チェイン…………………110
- 32 スパイン・ジャンプ01……………………112
- 33 スパイン・ジャンプ02……………………114

COLUMN 自分の身体の可動性を測る姿勢

第4章 ヒグトレ上級編

- 34 レッグレイズ 118
- 35 アッパーボディレイズ 120
- 36 クローズローリング 122
- 37 オープンローリング 124
- 38 クローズトランクローリング 126
- 39 オープントランクローリング 128
- 40 マルチローリング 130
- 41 スパインローリング 132
- 42 スパイダー 134
- 43 肩甲骨腕立て伏せ 136
- 44 胸椎背筋 138
- 45 コンビネーション・スパイン 140
- 46 ダイナミック・スパインリアクション 142
- 47 プッシュジャンプ 144
- COLUMN　肩甲骨はがし

第5章 ヒグトレ発展編

- 48 スクワット 148
- 49 ベンチプレス 150
- 50 懸垂 152
- 51 ローイング 154
- 52 ラットプルダウン 156
- COLUMN　試合前後にとるべき食事
- 著者・モデル紹介 159

トレーニングの効果を高める
本書の正しい使い方

第2章から第5章で紹介するメニューは、「モビリティ」「スタビリティ」「ムーブメント」という3つの要素を鍛えることを目的としています。従来の「筋力トレーニング」と異なり、筋肉に負荷をかけるものではありません。回数をこなすことよりも、「できる」ようになることを目的に、トレーニングに取り組みましょう。

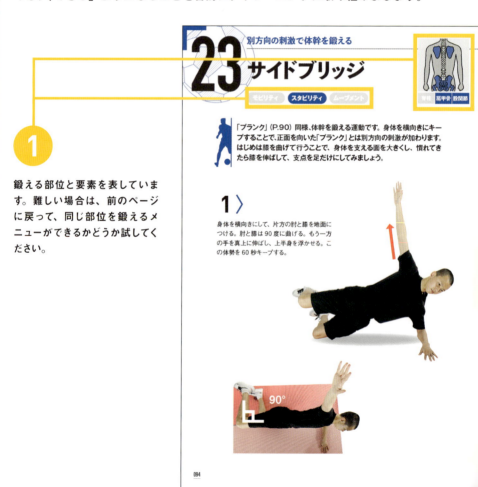

1 鍛える部位と要素を表しています。難しい場合は、前のページに戻って、同じ部位を鍛えるメニューができるかどうか試してください。

2. 「POINT」では動きの要点を、「NG」では間違いやすい動きを紹介しています。

3. 実際にトレーニングをやってみて、難しい場合は「Another Menu」を、簡単だった場合は「Hard Menu」にトライしてください。

［トレーニング動画の活用法］

　第2〜5章で紹介するトレーニングには、動画がついています（P88 コンプレックス・ブレスを除く）。各章の最初のページ（P.43、87、117、147）にはQRコードがついており、スマートフォンなどを使って読み取ると、動画サイト（YouTube）にアクセスすることができます。紙面でトレーニングの内容を確認したら、動画を見ながら実際に身体を動かしてみてください。

外でトレーニングするときも、ポイントを確認できる！

第1章

ヒグトレ理論編

なぜ脊柱、肩甲骨、股関節なのか

本書のトレーニングで刺激を与えるのは、主に脊柱、肩甲骨、股関節の3か所です。しかし、なぜサッカーにおいてその3か所が重要なのでしょうか？ そもそも、サッカーで使うのは足では？ まずはそのメカニズムから見ていきましょう。

脊柱のしなりが大きなパワーを生む

本書で取り扱う大きなテーマは、脊柱のしなりと、肩甲骨・股関節の可動域です。では、なぜ足でボールを扱うサッカーに、なぜそのふたつが必要なのでしょうか？ まずはその前提を見ていきましょう。

サッカーは身体のどこを使うスポーツ？

　突然ですが、サッカーは身体のどの部分を使ってプレーするものだと思いますか？　多くの人は「足」と答えると思います。確かにサッカーは足でボールを扱い、ゴールを奪い合うスポーツです。ゴールキーパーは例外として、手を使うのはスローインの時くらいでしょう。

　では、ドリブルやキックのパワーは、どこから生まれているのでしょうか？　**足ではありません**。足は人の身体の「末端」に位置する部位で、身体の中心から離れた端にあります。もちろん、ふくらはぎなどの筋肉から生まれるパワーもありますが、身体の中心で作られる力に比べると大きくありません。

　それだけでなく、末端だけに頼った力の使い方は、肉離れや関節の炎症など、怪我をしやすい身体になってしまう可能性もあります。

脊柱が大きなパワーを生む

　人間の身体でもっとも大きなパワーを生むのは、背骨です。解剖学では「脊柱」と呼ばれ、24もの骨が連結されて、ひとつの大きな骨を形成しています。いくつもの骨が連結しているということは、大きく曲げる、反る、丸める、伸ばす、といった動かし方ができるため、その反動で大きなパワーを生むことができるのです。

　わかりやすいのは、**チーターの動き**でしょう。最高速度120km/hで走るとも言われているチーターは、身体を大きく丸めたり、伸ばしたりしながら走ります。その繰り返しがものすごいスピードを生んでいるのです。

　また、魚も同じです。身体の中央にもっとも太く長い背骨が通っており、背骨をしならせて身体を左右に動かして、水中を移動していきます。マグロが泳いでいる動画を見るとわかりやすいでしょう。

　人間も彼らと同じように、背骨を大きくしならせて、大きな力を生み出すことで、速く柔軟で強い動きができるだけでなく、怪我をしにくい身体にすることができます。

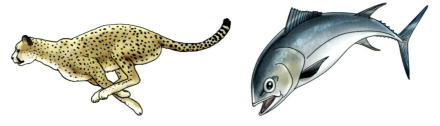

脊柱をくねくねと動かして、全身を使って走るチーター。同じように、脊柱をしならせて水中を泳ぐ魚。人間の動きのお手本にもなります。

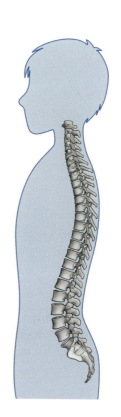

人体には一本の背骨が通っており、背骨は頚椎、胸椎、腰椎で形成されており、その下に仙椎があります。細かな骨のつながりが、大きなしなりを生むのです。

第1章 なぜ股関節と脊柱なのか

大きなパワーを伝える股関節と肩甲骨

身体を動かすときに脊柱が重要な役目を果たすことは解説しました。脊柱で生み出したパワーは、腕や脚などの末端へ効率よく伝えることが必要です。その伝達の役目を果たすのが、肩甲骨や股関節なのです。

振り子の振れ幅が大きいほど力も大きくなる

　脊柱のしなりが生み出した大きな力を、手足などの末端へ伝える役割を果たすのが、**股関節**と**肩甲骨**です。このふたつをどれくらい大きく動かせるか、つまり**可動域をどれだけ広げられるか**によって、力の伝わり方が変わっていきます。

　振り子をイメージするとわかりやすいでしょう。振り幅が大きければ大きいほど、先端につけた球のスピードは速くなり、ぶつかったときの衝撃も大きくなります。

　振り子の球が手足などの末端、支点を肩甲骨や股関節に置き換えると、肩甲骨と股関節の可動域が広いほど、末端に伝わる力が大きくなる、ということです。肩甲骨と股関節の可動域がいかに大切なのかがわかると思います。

　この可動域を広げるのは、年齢が低いほど易しく、高いほど難しくなります。加齢によって身についた生活習慣や運動の癖で、骨や筋肉が形成され、それを再びほぐすのは時間がかかるからです。可動域を広げる運動は、子どものころから負担のない範囲で取り組んだ方がよいでしょう。

　とはいえ、成人してからでは意味がない、という極端なものではありません。例えば毎日PCの前に座って事務作業をする人でも、本書の運動を行うことで肩甲骨の可動域が広がり、肩こりが改善されることもあります。

6つの運動方向

　股関節の運動方向は、前に折れ曲がる**屈曲**、後ろに伸ばす**伸展**、外に開く**外転**、内にたたむ**内転**、外側に回す**外旋**、内側に回す**内旋**の6方向があります。例えばキックなら、後ろに大きく伸展した後、前に蹴り出して屈曲し、その過程でボールを蹴ります。走っている途中で急激なターンをする場合には、内旋や外旋が必要です。

　これらの動きができるようになるトレーニングを、育成年代の早い段階から積むことで、大きなパワーを生むだけでなく、怪我をしにくい身体を作ることにもなるのです。

脚の振りが大きくなるほど、キックに力を乗せることができます。どのくらい後ろに振れるかを決めるのが、股関節の可動性です。

トレーニングには段階がある

肩甲骨、脊柱、股関節。これらの重要性は解説しました。しかし、むやみにそれらの部位を鍛えればいいわけではありません。段階を追ってそれぞれの部位を向上させていくことで、サッカーにおける理想的な身体を作ることができます。

取り組むべき順番と段階

　サッカーにおけるフィジカルトレーニングには、取り組むべき順番と段階があります。それが右ページの2つのピラミッドの図です。

　上の図のように、まずサッカーという競技に特化したトレーニングをする前に、「基礎体力」を身につける必要があります。歩く、走る、跳ぶなどの、人間の基本的な運動能力です。それらの運動ができるようになると、キックやドリブルなどのサッカーに特化した「スポーツ技術」の幅が広がります。また、「スポーツ技術」は競技特有の戦術にも影響されるので、「基礎体力」と並行して行うのがよいでしょう。

　下の図のように、「基礎体力」は、さらに細かいピラミッドに分けることができます。「モビリティ（可動性）」、「スタビリティ（安定性）」、「ムーブメント（連動性）」の3つが土台として並び、その上に「パフォーマンス」、さらにその上に「スキル」が乗ります。股関節や肩甲骨の可動域を広げることは、「モビリティ」にあたります。

土台の土台を鍛えるメニュー

　本書で行うトレーニングは「モビリティ」、「スタビリティ」、「ムーブメント」の向上を目的としたものです。つまり、土台の土台である多様な動きを身につけ、その上に乗るスポーツ技術や戦術能力をより大きくするためのものです。土台がもろければ、その上にどんな高級な材質で家を建てたとしても、少しの地震で崩れてしまいます。

　同じように、優れたスポーツ技術や戦術を習得するためには、基礎体力のトレーニングが欠かせない、というわけです。

　なお、「パフォーマンス」のトレーニングは本書の第5章に記載していますが、マシンや自重を利用した筋力トレーニングなので、身長の伸びが止まってから行うのがよいでしょう。

　次ページからは、モビリティ、スタビリティ、ムーブメントが、それぞれどのような役割を果たしているかを解説します。

第1章 なぜ股関節と脊柱なのか

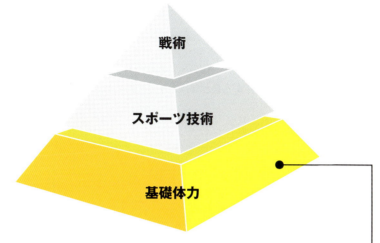

戦術を身につけるためには、キックやドリブル、フェイントといった「スポーツ技術」が必要で、それを身につけるためには土台となる「基礎体力」が不可欠です。

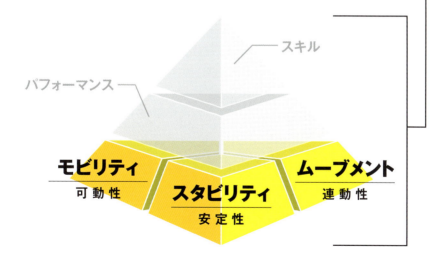

「基礎体力」をさらに分解すると、土台に「モビリティ」「スタビリティ」「ムーブメント」があり、「パフォーマンス」「スキル」がその上に乗ります。「基礎体力」といっても、これだけの要素に分けることができるのです。

04 モビリティ（可動性）

ピラミッドの最下層にある「基礎体力」のさらにベースのひとつとなるのが「モビリティ」です。本書のトレーニングを始める場合、まずは「モビリティ」から取り組むのがよいでしょう。すべての運動のベースになるので、競技を問わず必要な要素でもあります。

どのくらい広く動かせるか

　モビリティとは可動性、つまり「**どのくらい広く動かせるか**」を意味します。脚をどのくらい開くことができるか、腕をどのくらい大きく回せるか、上半身をどれだけ反らすことができるか、などの動きです。

　それは、1方向のみに大きく動かせることではありません。例えば脚を後ろに大きく振り上げることができても、横に大きく開けないのであれば、可動性があるとは言えません。前後、左右、上下、さらに回旋と、あらゆる方向への動きができることを「可動性がある」「可動域が広い」と表現します。

　この可動性がなければ、大きなパワーは生み出せません。筋肉によるパワーよりも、大きく動かすことで生まれるパワーの方が、サッカーにおいては役に立ちます。

　キックを例にあげると、太ももやふくらはぎの筋肉をだけの力で蹴るよりも、脚を大きく真後ろへ振りかぶり、上半身を弓矢のようにしならせることで生まれる反動を使って蹴る方が、強いボールを蹴ることができます。そこに筋力が乗ることで、さらに大きな力を生むことができる、と考えるのがよいでしょう。

可動性≠柔軟性

　一方で、「**柔軟性**」と混同しないことも大切です。体操選手が床に身体をべたっとつけるような開脚は、サッカーにはあまり必要のないものです。むしろ伸びすぎによる弊害も出てきます。

　例えば、腸腰筋を伸ばすストレッチは、多くのチームが取り入れていると思います。しかし、筋肉には本来持っている長さがあるのですが、ストレッチのやりすぎで伸びすぎてしまうことがあるのです。そうすると、伸びきったゴムのようにたるんだ筋肉になり、伸縮による反動力を生み出すことができず、サッカーでは強いキックを蹴れなくなる可能性があります。

　関節を大きく動かすことができ、なおかつ伸び縮みもできるようになることで、初めて「可動性がある」といえるでしょう。

可動性と柔軟性は別もの。柔軟体操でいくら脚を広げられるようになっても、サッカーではあまり意味がありません。

後ろにどれだけ振り上げられるか、横にどれだけ開けるかなど、あらゆる方向に動かせることを「可動性がある」といいます。

スタビリティ（安定性）

モビリティを高め、振り子の振り幅が大きくなったとしても、それを支える支点が弱ければ、振り子の先端につけた球は遠くへ飛んでいってしまいます。支点を強化し、安定した動きをできるようにするのが「スタビリティ」です。

振り子の支点の安定性

　モビリティ（可動性）は、**スタビリティがあって初めて発揮されます**。P16で、肩甲骨と股関節を振り子に例えて解説しました。スタビリティとは、**振り子の支点の安定性**を指します。振り子をいくら大きく動かすことができたとしても、糸を支えている支点が安定していなければ、力を伝えることはできません。

　脱臼(だっきゅう)は、糸の支点が外れてしまった状態といえるでしょう。スタビリティがないために、骨が関節から外れてしまう怪我です。

　関節の運動は「曲げる」「伸ばす」「止める」の3つです。腕や脚の曲げ伸ばしと、伸ばした後や曲げた後にその状態にとどめる。これらは関節によって生まれる運動です。スタビリティのトレーニングは、これらの運動をスムーズに行えるように、支点を安定させるためのメニューを行います。具体的には、肩甲骨や股関節、肘や膝など、各関節に刺激を入れていきます。

必要なときに固め、不要なときは緩める

　一方で、支点をただ固めるだけでは意味がありません。固めるとは緊張状態あるということで、常に固めていては身体が休まる暇がありません。必要なときに固め、必要でないときには緩めるという操作が必要になります。

　建物の耐震構造をイメージしてみましょう。都会の高層ビルはコンクリートでガチガチに固めていますが、五重の塔や東京スカイツリーのような建造物は、あえて壁や柱の間に隙間を作る構造にして、地震の揺れによる衝撃を外に逃がしています。どちらが外からの力に対して耐性があり、壊れにくい構造なのかは、一目瞭然ですよね。

　サッカーでも、キックの瞬間は力をグッと入れますが、歩くときには緩めて周囲を見渡します。固めることも、緩めることも、両方できるようになることが大事なのです。

大きく振りかぶることができても、支点が不安定では強いキックは蹴れません。関節の安定は「スタビリティ」と表現し、固めるときに固める、緩めるときには緩める、といった使い分けが必要です。

第1章 なぜ股関節と脊柱なのか

06 ムーブメント（連動性）

ピラミッドの土台としてあげた3つの要素のうち、最後に鍛えるのが「ムーブメント」です。モビリティで強化した脊柱のしなりと、肩甲骨・股関節の可動性を、発揮できるようにするためのトレーニングです。これができて初めて、ドリブルやキックといったスポーツ技術に生かすことができます。

「モビリティ」と「スタビリティ」を両立させる「ムーブメント」

　モビリティとスタビリティは、車の両輪のようなもので、どちらか片方では不十分です。モビリティとスタビリティを両立させ、体の中心である脊柱、支点である股関節や肩甲骨、末端である手脚を連動させるのが「ムーブメント」です。トレーニングでは、身体の複数の箇所を同時に動かし、神経伝達能力を鍛えることを意識し、スムーズに身体を動かせるように促していきます。

　例えば、人間が歩くときは手と脚を前に出し一歩ずつ進んでいきます。そのとき、電話をしたり物を食べたりしながらでも無意識に歩けます。わざわざ「右脚を出して、左脚を出して……」と意識して歩く人はほとんどいないはずです。

　トレーニングでは、まずは自分が身体のどの部位を動かしているのか、それに連動してどの部分が動かされているのかを意識しましょう。それを繰り返していくことで、普段歩いているのと同じように、実際の試合でも複数の部位を無意識に連動させることができます。

タックルを受けても倒れないのは「ムーブメント」能力が高いから

　サッカーでも、キックのときにはモビリティによって身体をしならせ、支点の股関節をスタビリティで固め、大きな振りで蹴る、といった動きを、無意識にできるようにする必要があります。連動を高めて身体全体をしならせることができれば、パワーのあるキックや打点の高いヘディングができるようになります。

　また、プレー中にバランスを崩して無理な体勢になったり、相手にタックルを受けて転びそうになったりしたときも、スムーズに立て直すことができます。一見すると身体が小さくフィジカルが弱そうに見えても、タックルを受けてもなかなか倒れない選手は、ムーブメント能力が高いといえるかもしれません。

第1章 なぜ股関節と脊柱なのか

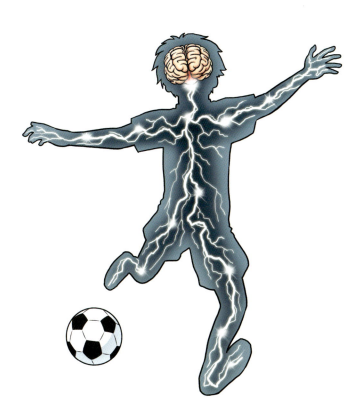

脳から神経を通って身体へ伝わる電気信号によって、人間は身体を動かすことができます。この信号を発達させ、身体のいろんな部位を同時に的確に動かせるようにするのが「ムーブメント」です。

トレーニングはいつから いつまでやればいいの?

取り組むべきトレーニングに段階があるように、取り組むべき時期にも段階があります。10代のうちは、生活習慣や運動の癖がついていないので、しなりや可動域を身につけるのに最適ですが、筋力トレーニングは「骨端線」が閉じるのを待つのが良いでしょう。

あらゆる年代が取り組むべきトレーニング

　本書のトレーニングに取り組む年齢は、早ければ早いほどよいでしょう。骨格や筋肉が固まる前に取り組むことで、柔軟な身体を作りやすくなります。

　例えば、ひとつのトレーニングに集中するのが難しい小学校低学年以下の子どもには、鬼ごっこや鉄棒、うんてい、前転など、身体を動かす遊びを行うことで、自然と全身の可動性が向上していきます(P.40)。ドッジボールなども、ボールを投げる、よけるという動きが身体に刺激を入れることになります。

　小学校高学年になり、トレーニングの意図をある程度理解できる年齢になってきたら、本書に書かれるメニューに取り組んでいきましょう。自分の身体のどの部分が硬いのか、やわらかいのか。そういった特徴を考えはじめてもよい時期でしょう。

　そこからは、アスリートであろうとなかろうと、できる限りトレーニングを続けることをおすすめします。筋力に負荷をかけるものではないため、成長期でも取り組めますし、大人になっても肩こりや腰痛などの予防に役立ちます。

目安になるのは「骨端線」

　第5章では「モビリティ」「スタビリティ」「ムーブメント」の上に乗る「パフォーマンス」にあたるトレーニングを紹介しています。メニューの主な目的は可動性の向上に変わりませんが、「パフォーマンス」のメニューには筋力強化の要素も加えています。そのため、身長が伸びきった後に行うのがよいでしょう。

　ひとつの目安が「骨端線」です。成長期には、骨の端に成長軟骨と呼ばれる層があり、これを骨端線といいます。体の成長が止まるとともに、成長軟骨はなくなり、骨端線がなくなり(閉じ)ます。骨端線が閉じるのは日本人男性で18歳前後、日本人女性で15歳前後と言われており、レントゲン撮影によって見ることができます。第5章のトレーニングは、骨端線が閉じてから取り組むのがよいでしょう。

第1章 なぜ股関節と脊柱なのか

身長の成長が止まるまでは、モビリティとスタビリティのメニューに専念し、成長が止まったらパフォーマンスの筋力トレーニングを行いましょう。

08 パフォーマンスを高める

ピラミッドの土台である「モビリティ」「スタビリティ」「ムーブメント」のトレーニングをある程度こなせるようになり、骨端線が閉じて身長が止まったら、筋力に負荷をかける「パフォーマンス」のトレーニングに取り組んでいきましょう。

身体の前側の筋肉はそこまで必要ではない

「モビリティ」「スタビリティ」「ムーブメント」のトレーニングによって生まれたパワーを最大化するために必要なのが「**パフォーマンス**」です。本書では第5章のメニューがそれにあたります。

「パフォーマンス」には筋力が必要になってきます。といっても、腹筋や胸筋をむやみに鍛えてもあまり意味がありません。そういった身体の前側にある筋肉の多くは「**屈筋**」と呼ばれ、一瞬のパワーを生み出す筋肉です。格闘技や重量挙げなど、瞬間的に力を発揮する競技では必須の筋肉ですが、可動性が落ちてしまうため、サッカーにはあまり必要のないものです。キックの瞬間に力を込めるときなど、完全に不要というわけではありませんが、つきすぎるのもよくありません。

身体の後ろ側の筋肉を鍛える

僧帽筋、広背筋、臀筋群、ハムストリングスなど、**身体の後ろ側にある筋肉**がサッカーにおいては大きな役割を担います。例えばキックの時、振り子の要領で脚を真後ろに引き上げ、身体をしならせます。このときに必要になるのがおしりにある大臀筋、太ももの後ろ側にあるハムストリングスで、より大きく引き上げるためには上半身の広背筋も使います。また、ドリブルで背中を起こし、広い視野を確保するためには、広背筋で上半身を起こす必要があります。

これらの身体の後ろ側にある筋肉を、伸ばす筋肉と書いて「**伸筋**」と呼びます。瞬間的な力を発揮する屈筋に対し、伸筋は長く継続的にパワーを発揮できる筋肉が多いため、90分という長い時間を走り続けるサッカーに適しているのです。特に広背筋は上半身を自在に操るために必要で、とても大切な筋肉です。伸筋を使うことを「背中にスイッチを入れる」と表現することもあります。

この「パフォーマンス」能力を高めることによって、キック、ドリブル、ジャンプ、ヘディングなどの「スキル」を高めることができるのです。

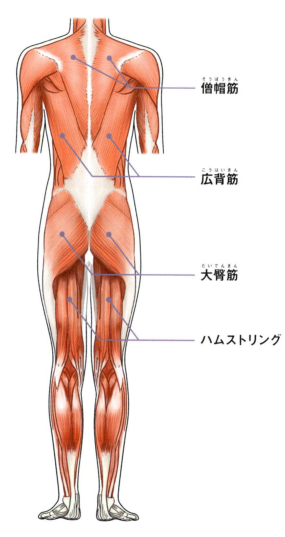

僧帽筋（そうぼうきん）

広背筋（こうはいきん）

大臀筋（だいでんきん）

ハムストリング

僧帽筋、広背筋、大臀筋など、身体の後ろ側には大きく長時間働くことができる筋肉が集まっています。サッカーではこれらの筋力が重要になってきます。

基礎体力は
いい選手の前提条件

本書で紹介するトレーニングは、ピラミッドの一番土台である「基礎体力」です。これらの運動能力は、実は戦術を理解するためにも必須な能力です。頭のいい選手になるためにも、運動能力が必要なのです。

サッカーは基本的な運動の連続

　ここまで、あらゆる運動の土台である「モビリティ」「スタビリティ」「ムーブメント」を解説し、その上に乗る「パフォーマンス」の重要性も説いてきました。そしてその上に乗るのが、ダッシュ、ジャンプ、キックなどの基本的な運動、「**スキル**」です。

　サッカーの試合も実際の動きを細分化すると、ダッシュ、ジャンプ、キックなど、基本的な運動の連続です。言い換えれば、基本的な動きでも総合的に高めるためには、本書に書かれているような細分化された要素とトレーニングが必要だということです。その基礎を高レベルで備えることが、いい選手になる大前提と言えるでしょう。逆に、サッカーをプレーすることで基本的な運動能力全般を鍛えることができる、ということでもあります。

戦術理解のためにも基礎体力が不可欠

　モビリティ、スタビリティ、ムーブメント、パフォーマンス、スキル。これらが「基礎体力」を構成する要素です。この能力を向上させることで、ピラミッドの土台が広がり、その上に乗る「スポーツ技術」、「戦術」の幅もより広がっていきます。

　例えば、中盤の底でパスをさばく選手は、どこにどんなパスを出すべきかという「戦術」を理解する必要があり、実践するためにはバックスピンをかけたロングパスや相手から逃げるようなパスなどの「スポーツ技術」が必要です。

　その「スポーツ技術」は、常に周囲を見渡すために上半身を起こしたり、キックの際に身体をしならせたりするなど、「基礎体力」が不可欠です。その基礎体力を、本書で書かれているトレーニングで鍛える、ということなのです。

サッカーの動き

ダッシュ　　ジャンプ

ターン　　キック

10 身体をうまく扱えている選手は？

ここまでで紹介した理論は、実際に世界で活躍している選手たちの動きを研究して、導き出されたものです。では、お手本と言える選手は誰なのでしょうか？数選手を例に出して見ていきましょう。

ドリブルでは視野を確保しキックでは上半身をしならせる

百聞は一見にしかず。実際に自分の身体を上手に扱えている選手は誰なのでしょうか？

例えば、ドイツ人の**レロイ・サネ**（マンチェスター・シティ）は非常によい見本です。ドリブルのときには、背中にスイッチを入れて上半身を起こし、周囲を見渡せる視野を確保しながらニョキニョキと動いて、どこにでも移動できる体勢を作ります。

また、キックのときには上半身を大きくしならせて脚を振り上げ、インパクトの瞬間に息を吐き、蹴った後はしならせた全身を丸めています。こうしたフォームで蹴ることで、ボールに最大限の力を乗せているのです。イングランド人のラヒーム・スターリング（マンチェスター・シティ）も同様です。プレースタイルこそ違いますが、サネと同じような動きでプレーしています。

無意識にできるようになることが重要

しかし、これらの動きを意識して真似すればよいわけではありません。十分な可動域や筋力がないのに、彼らのような動きを無理に真似しても、プレーはよくならないばかりか、自分に合わない身体の使い方になって怪我のリスクも上がってしまいます。大事なことは、本書のようなトレーニングに取り組むことで、自然とその動きが出るように仕上げていくことなのです。

ここから数ページに渡って選手の動きを解説していきます。上記のことを念頭に置いて見てみましょう。自分のプレーの動画や写真を撮影して比べて見るのも面白いかもしれません。

レロイ・サネ

18歳でプロデビューを飾り、弱冠20歳にしてイングランドの強豪、マンチェスター・シティに移籍したドイツ代表MFです。左利きのアタッカーで、独特なリズムのドリブルと強力なシュートでゴールを奪います。見た目は華奢なようにも見えますが、身体操作が非常に優れている選手の一人です。

第1章 なぜ股関節と脊柱なのか

Leroy Sané

1 適度に力が緩んでいるので、キックの瞬間に手が半分だけ握られたような形になっています。

2 キックのインパクトの瞬間、胸椎を中心に上半身が大きく丸まっていることがわかります。

ラヒーム・スターリング

スピードを武器に敵陣をかき回すイングランド代表のアタッカーです。17歳という若さでデビューし、現在はマンチェスター・シティに所属しています。大きく胸を張り、いつでも加速できる姿勢が特徴的で、身長は大きくありませんが、DFとぶつかったときにも倒れずに前進することができます。

Raheem STERLING

4 サネと同様に胸椎を中心とした上半身のしなりがやわらかく、チーターのようにクネクネした動きで、緩急をつけたドリブルを繰り出すことができます。

3 ドリブルの最中でも、上半身が猫背になることなく、顔を上げて常に周囲を見渡すことができます。

ハビエル・マスチェラーノ

かつてリバプールやバルセロナに所属した元アルゼンチン代表MFです。身体を張り、ピッチの広範囲をカバーする守備が特徴的な選手で、相手と競り合っているときや、タックルの瞬間も、体を緩める／固める操作を自在に行うことができ、相手からボールを奪い取ります。

Javier MASCHERANO

第2章 なぜ股関節と脊柱なのか

⑤ 相手にタックルを当てる瞬間も、上半身は程よく力が抜けています。グッと力を込めるよりも、緩んだ状態で当たった方が、相手に与えるインパクトは大きいのです。

アンドレス・イニエスタ

ヴィッセル神戸に所属する元スペイン代表 MF です。スピードはありませんが、絶妙なボールコントロールと緩急をつけた動きで、相手の逆をとることに長けています。対戦した多くの選手が「顔が上がっていて飛び込めない」と話すように、肘をうまく引いて上半身を起こし、常にまわりを見ているので、どんな状態からでもあらゆる動きに対応できるのです。

Andrés INIESTA

武藤嘉紀

日本人の中でも身体の使い方に優れている選手の1人です。これまでに挙げた選手たちと同様に、身体の力を適度に緩めて、必要なときに固める、という身体操作をすることができます。プレミアリーグというフィジカルの強さが求められる舞台でプレーできるのも納得です。

MUTO Yoshinori

11 どんなトレーニングをすればいいの?

人によって、股関節がかたい人、肩は回るが背中のしなりはイマイチな人、脚が後ろにあまり上がらない人など、身体の状態はさまざまです。自分の特徴を知るためには、どんなことが必要なのでしょうか?

自分の身体の特徴を知る

トレーニングの意図を理解して本書のメニューに取り組める年齢になると、自分の身体の特徴が出はじめると思います。すると、どの部位がやわらかい、どの部位がかたいなど、苦手分野と得意分野が出てくる頃でもあります。自分の身体は、どの部位がよく動き、どの部位がかたいのか、**特徴を把握できるようになりましょう**。

例えば脊柱のしなりがまだあまりできないというなら、「ペルビック・スパイン」(P44)など、「脊柱」と記載されているトレーニングに取り組むと良いでしょう。肩の可動域が狭ければ「肩甲骨」、脚の振りが小さければ「股関節」のアイコンです。

前から順に、継続的に取り組む

本書のトレーニングは、おおよそ難易度順に「モビリティ」→「スタビリティ」→「ムーブメント」→「パフォーマンス」の順に掲載されています。中には脊柱と肩甲骨の両方に刺激を入れたり、モビリティとスタビリティの両方の働きを養ったりするメニューもありますが、第4章のトレーニングをこなせなければ、その前の第2、3章のメニューを十分に消化できていない可能性が高いです。動きがかたい、可動域が狭いと感じる場合は、第2章のメニューからやり直し、できないトレーニングがないかをチェックしましょう。

そして、このトレーニングでもっとも**大事なことは継続**です。このトレーニングの成果が出るのは、早くても3ヶ月後です。また、すべてのメニューを十分に消化できたからといって、その時点でトレーニングをやめてしまえば、可動性は落ちていくでしょう。

身体の成長が止まった後、さらに言えばアスリートとして一線を退いたとしても、心と身体の健康のために継続するのが理想です。負荷もそこまで大きくなく、慣れれば短時間でこなせるメニューなので、ぜひ本書を長い間持って、取り組んでみてください。

例えば…

```
        強いキックが蹴れない
        ┌──────┴──────┐
上半身のしなりが足りない    脚の振り上げが足りない
  ペルビック・スパイン      腸腰筋の引き上げ
```

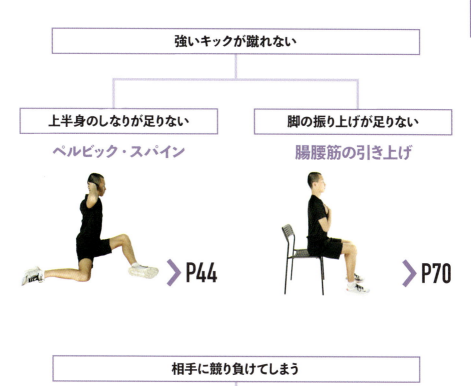

> P44　　　　　　　　　　> P70

```
        相手に競り負けてしまう
        ┌──────┴──────┐
体幹が操作できていない    身体の連動が不十分
  クローズローリング    コンビネーションスパイン
```

> P122　　　　　　　　　　> P140

第1章　なぜ股関節と脊柱なのか

COLUMN

昔ながらの遊びが可動性を育む

　本書で紹介するメニューは、どの年齢の子どもが行っても問題なく、取り組むのが早ければ早いほど可動域が広がっています。歩く、走る、跳ぶ、といった基本的な運動ができるような年齢になったら、すぐに始めてもかまいません。
　しかし現実的には、4、5歳の子どもがこのメニューをそっくりそのまま実践することは難しいでしょう。なぜならそういった年齢の子どもは、本書のような地道なメニューに我慢強く取り組むことがなかなかできないからです。本人が楽しくないのに無理にやらせるのもよくありません。
　そういった年齢の子どもは、遊びの中で刺激を入れるのがよいでしょう。例えば鬼ごっこは、ただ走るだけでなく、鬼の動きに合わせて減速、方向転換など、ピラミッドの「基礎体力」に必要な運動が数多くあります。他にも、木登りは肩甲骨や股関節を大きく広げるための「モビリティ」や、手足をスムーズに動かす「ムーブメント」が必要ですし、うんていで身体を支えるには、腕や肩の関節の「スタビリティ」が重要です。
　このように、昔ながらの遊びの中には、「モビリティ」「スタビリティ」「ムーブメント」を高めるために必要な要素が詰まっています。近年、「テレビゲームや携帯ゲームの普及によって、子どもが外で遊ばなくなり、運動能力が落ちた子や痩せた子が増えた」と言われて久しく、それはあながち間違いではありません。
　また、鬼ごっこのように集団で行う遊びは、単に運動能力だけでなく、ルールを守ることの大切さや他者との関わりといった社会性を学ぶことにもつながります。プロアスリートを目指すかどうかに関わらず、基礎的な健康のために、子どものうちは外で遊んだ方がよいでしょう。
　あるいは、本書のメニューに遊びの要素を持たせてもいいかもしれません。例えば「ヒップ・ローテーション」（→ P48）を音楽に乗せて行うことで、ダンスを踊るように取り組むのは面白いかもしれません。「マルチローリング」（→ P128）は、回転の速さを競争にしてもよいでしょう。読者の方々にどんどんアレンジしていただいてかまいません。
　そして、トレーニングの重要性を理解し、秩序立って取り組める年齢になったときに、本書のメニューを本格的に行うことをおすすめします。

うんてい
腕を上に伸ばすので、肩甲骨と広背筋が刺激されます。脊柱の可動域を広げる上で、肩甲骨と広背筋の働きは非常に重要です。

鬼ごっこ
アジリティを高めるのに有効な運動です。可動域を広げるというよりも、ターンしたり、避けたりするので、俊敏性を高めるのに効果的です。

スパイダー（くも）
P132でも紹介しています。地面を這って手足を大きく使い、ほふく前進のように進んでいく運動です。肩から腕を大きく使うこと、股関節を引き寄せて脚全体を動かすことがポイントです。

木登り
手を大きく伸ばし、足も引き寄せて木に登っていくので、各関節や筋肉を満遍なく使う全身運動になります。のぼり棒でも良いでしょう。

ヒップ・ウォーキング
P104でも紹介しています。足をガニ股に開き、膝の内側から手でかかとを掴んで歩きます。股関節が大きく開いて、可動域を広げるトレーニングになります。

ブリッジ
立った状態から背中側に倒れ、そのまま手をついてブリッジします。胸椎が反るので脊柱のモビリティを高めます。

逆立ち
はじめは壁や他の人に支えてもらい、徐々に自分一人で立てるようになりましょう。全身運動に加え、肩を大きく動かすので、肩甲骨に刺激が入ります。

1章のおさらい

脊柱が大きなパワーを生む

脊柱で生んだパワーを末端に伝えるのが**股関節**と**肩甲骨**

トレーニングには取り組むべき段階があり、
まずは「**基礎体力**」を身につける必要がある

基礎体力は
「**モビリティ**」「**スタビリティ**」「**ムーブメント**」
　（可動性）　　　（安定性）　　　（連動性）
の3つに分けることができる

本書に記載しているのは
あらゆる年代が取り組むべきトレーニング

基礎体力の土台を広げることで、
パフォーマンスや**スキル**を向上させることができ、
スポーツ技術や**戦術**も高度なものになる

第2章
ヒグトレ 初級編

第2章で紹介する
トレーニング動画は
こちら

ここから本格的なメニューの紹介に入っていきます。初級編は、主に「モビリティ」を向上させるトレーニングです。すべての運動の基礎となる可動域を広げるメニューなので、まずは2章から取り組んでいきましょう。

01 脊柱を柔軟に動かす
ペルビック・スパイン

脊柱 | 肩甲骨 | 股関節

モビリティ　スタビリティ　ムーブメント

上半身の可動性を養う運動です。身体の中心に太い脊柱が一本通っていることを意識して、しならせるように行いましょう。座ったときの脚の角度が曲がり過ぎたり、上半身をかがめた時に、頭が前に出過ぎてしまったりするのは NG です。

1 手を頭の後ろに添え、左右の脚を前方と真横に伸ばして座る。両膝とも 90 度に曲げる。

2 胸のあたりを前に押し出すような感覚で上半身を反る。

NG 座り方に注意

膝を 90 度以上曲げてしまったり、太ももがまっすぐにならなかったりする座り方は NG。骨盤が曲がり、効果が薄れてしまう。

> **3** 座った状態のまま、胸のあたりを後ろに押し出すような感覚で上半身をかがめる。2と3を繰り返す。足の組み方を逆にして同様の動きを行う。

NG　頭が前に出ない

頭が前に出てしまうような姿勢はNG。脊柱の柔軟性は養われない。

Another Menu

左右の可動域を養う

同じ座り方のまま、上半身を左右にくねらせる。前後運動と同じように、下半身は動かさず、上半身のみを左右に動かす。

02 スパイン・ローテーション

上半身を回転させる

モビリティ　スタビリティ　ムーブメント

脊柱　肩甲骨　股関節

「ペルビック・スパイン」(P.44) が上半身の前後左右のしなりの運動だったのに対し、「スパイン・ローテーション」では回旋方向の運動を行います。この二つの運動で、上半身の全方向への可動性を養うことができます。「ペルビック・スパイン」と同じ座位で行いましょう。

1

左右の脚を前方と真横に伸ばして座る。膝は両脚とも90度に曲げる。腕を上げ、手は顔の前で組む。

Point

手の組み方に注意

手の組み方は、手首のあたりをもう一方の手の親指と小指で支える。

2 手だけでなく、胸から回転させる。両手も胸と同じ方向に動かし、視線は両手を追いかける。

3 同様に反対側の回旋も行う。手脚の組み方を逆にして行う。

NG 手だけを動かさない

手だけが動き、視線や上半身が伴わない動きはNG。骨盤から上の動きがなく、上半身全体の回旋運動にならない。

03 ヒップ・ローテーション

骨盤を起点に全身を連動させる

モビリティ　スタビリティ　ムーブメント

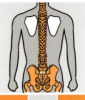
脊柱　肩甲骨　股関節

骨盤が身体の起点であることを意識し、全身を連動させる感覚を養う運動です。上半身と下半身がバラバラに動くのではなく、骨盤を中心に同時に動かすことを意識しましょう。

1 両脚をできる限り開き、両腕をまっすぐ伸ばして左右に広げる。

2 左腕を前方に回しながら、上半身をひねるように動かす。同時に、左膝を折りたたむように内側にひねる。

3
反対方向も同様に行う。
両腕はまっすぐ伸ばす。

👆 Point

上半身と下半身を連動させる

骨盤を軸に上半身全体を動かし、それに伴って下半身が動くイメージを持つ。両膝はできるだけ伸ばしたまま動かすことが理想で、地面につくくらいひねる。

NG 骨盤の動きに注意

骨盤の連動がないと、上半身をひねるだけになり、下半身の動きが伴わない。脚の付け根がお尻まで伸びている意識を持ち、全身の連動を意識する。

SOCCER ADVICE　強いキックを蹴るには

強いボールを蹴るには、蹴り足を大きく後ろに振り上げるための、股関節の可動域が必要。振り子の振れ幅を大きくするイメージで、可動域を広げることを意識しよう。

04 ショルダー・エクステンション

肩甲骨の可動域を広げる

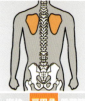

モビリティ スタビリティ ムーブメント

背中には広背筋という大きな筋肉があり、これをいかに使うかがサッカーにおける動きを決めていきます。そこで大事なのが肩甲骨です。肩甲骨の可動域を広げることで、背中側の筋肉を使う準備を整えることができます。

1 両膝と両手を肩幅に広げ、四つん這いの姿勢になる。両腕は伸ばし、視線は下に向ける。

2 両腕を伸ばしたまま身体を後ろに運び、両肩を地面に押しつけるように身体をたたむ。

 Point

肩を押しつける意識

「2」の姿勢をとるとき、肩を地面に押しつける意識を持つ。肩甲骨を動かし、可動域を広げるのが狙いだ。

05 ヒップヒンジ

股関節の可動域を広げる

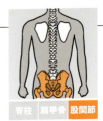

モビリティ　スタビリティ　ムーブメント

「ショルダー・エクステンション」(P.50) と同じような動きですが、「ヒップヒンジ」はお尻に意識を向けて、股関節の可動域を広げます。脚の付け根や上半身との境目を伸縮させることで、腸腰筋に刺激を入れていきます。身体を広範囲に動かす準備になります。

1 「ショルダー・エクステンション」と同様、両膝と両手を肩幅に広げ、四つん這いの姿勢になる。両腕は伸ばし、視線は下に向ける。

2 両腕を伸ばしたままおしりを突き出し、股関節を引き込むように動かす。

股関節の可動域を広げる

「ショルダー・エクステンション」との違いは、股関節の可動域を広げることだ。おしりを意識して後ろに引っ張ることで、脚を根元から動かす範囲を広げることができる。

SOCCER ADVICE　腸腰筋の伸縮

練習前などに腸腰筋を伸ばすストレッチを行う選手をよく見かけるが、「ヒップヒンジ」のような縮める動きも大切だ。

第2章　ヒグトレ　初級編

06 キャット&ドッグ

胸椎をしならせる

モビリティ　スタビリティ　ムーブメント

脊柱　肩甲骨　股関節

上半身全体を動かし、脊柱のしなりを身につける運動です。脊柱の真ん中に位置する「胸椎」を中心に、蛇のような動きを意識して行いましょう。腰だけが反るような動きは、怪我の原因になってしまうのでNGです。

1　両膝と両手を肩幅に広げ、四つん這いの姿勢になる。両肘は伸ばし、視線は下に向ける。

2　脊柱の真ん中（胸椎）を押し上げるように上半身を丸める。このとき、手と膝で地面を押すように意識する。

第2章 ヒグトレ 初級編

3 背骨を動かす意識を持ちながら、胸椎を地面につけるように上半身を反る。

Point 視線は下に

上半身を丸めているときは、視線を下に向ける。

NG 腰だけを動かさない

腰だけが動いてしまうのはNG。背中全体に効果を与える運動なので、胸椎を起点に上半身全体が連動している意識を持つ。

055

07 ソラックス・ローテーション

中心と末端の動きを連動させる

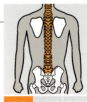

モビリティ / スタビリティ / ムーブメント

脊柱 | 肩甲骨 | 股関節

身体の中心にある胸椎と、末端にある腕の動きの連動性を養う運動です。実際に動かすのは腕ですが、腕の付け根が肩や胸椎にあるという意識で大きく回しましょう。反対に、下半身は膝を地面につけて固定します。

1 横を向いて寝転がり、片膝を腰の高さまで上げ、膝の内側を地面につけ、90度に曲げる。両腕は伸ばして地面につける。

2 下側の腕を伸ばしたまま、頭の上を越えるように上側の腕を大きく回し、背中側まで回す。このとき、視線は常に手を追いかける。

3 真後ろまで回した腕を同じ軌道で元の位置まで戻す。これを繰り返し、反対の腕でも同様に行う。

Point

曲げた膝は地面を押す

曲げている膝は常に地面を押し続ける。また、腕の付け根が肩甲骨と胸椎にあるイメージを持ち、できるだけ大きく回す。

08 ソラックス・エクステンション

脊柱のしなりと末端の動きを連動させる

モビリティ　スタビリティ　ムーブメント

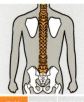

脊柱　肩甲骨　股関節

脊柱のしなりを腕と連動させる感覚を養う運動です。腕は肩甲骨から回旋させ、同時に胸椎を起点として上半身をしならせることで、複数の末端を同時に動かす感覚を養います。ボールを脚で挟むのが難しければ、ボールを使わずにやってみてもよいでしょう。

1 うつ伏せになり、手の平を上向きにして、両腕を真横に伸ばす。足は両膝でボールを挟み、つま先を立てる。

Point
手の平は上向き
手の平は必ず上に向ける。上半身を持ち上げると同時に回転させる。

第2章 ヒグトレ 初級編

2 手の平を返しながら両腕を上げ、同時に胸を突き出すように反る。これを繰り返す。

NG 腰から反ってはいけない

ここでは胸椎のしなりと肩甲骨の回転を同時に行う感覚を養うので、腰からは反るのは NG。脊柱のしなりを意識しよう。

Point

ボールを使うと効果 UP

ボールを挟むことで下半身の姿勢が固定され、トレーニングの効果が上がる。もし難しければ、ボールを使わずにやってもよい。

09 トランク・ローテーション

ボールを使って回旋させる

モビリティ　スタビリティ　ムーブメント

 胸椎の回旋運動を行うメニューです。ボールを持つことで両腕の安定感を高め、回旋の意識をより強く持つことができます。このメニューも動きの起点は胸椎にあることを意識し、腕だけを動かさないようにしましょう。

1 片方の膝を地面につけ、もう一方の脚を前方に出す。膝は両方とも90度に曲げる。腕を伸ばし、胸の前でボールを掴む。背筋は伸ばして視線を前方に向ける。

2 視線は前方に向けたまま、前方に出している脚の方向に、両手と胸を90度動かす。これを繰り返す。

Point

へそから上を動かす

へそは常に正面を向け、そこから上を動かすイメージを持ち、胸椎を起点に肩甲骨や腕が動いていることを意識する。

NG 姿勢を崩さないように注意

両膝が開く、足が地面から離れるなど、姿勢が崩れてしまうのはNG。視線やへそも常に正面に向ける。

10 スクエア・ブリッジ

肩の可動域を広げる

モビリティ　スタビリティ　ムーブメント

肩甲骨の可動域を広げることを意識しながら行います。腰をどこまで持ち上げればまっすぐになるのかという、身体操作の感覚も身につけましょう。おしりが下がったりして、筋力トレーニングになってしまうのは NG です。

1 両手、おしり、両足を地面につける。両手は指先を足側に向けて、両手と両足の間隔は肩幅に広げる。

2 両膝と両肩の関節が 90 度になるように、上半身とおしりを真上に持ち上げる。視線は上に向ける。

3 両肩とおしりをゆっくりと下げて、元の姿勢に戻す。これを繰り返す。

Point
肩の可動域を広げる

筋肉の負担はおしりや太ももにかかるが、肩の可動域を広げることが最大の目的。運動の起点は肩にあることを意識して行う。

NG おしりが下がってはいけない

身体を持ち上げたとき、おしりが下がってしまうのはNG。肩の可動域は広がらず、単純な筋肉トレーニングになってしまう。

11

腕の付け根を意識しながら回す

クラビクル・ローテーション

モビリティ　スタビリティ　ムーブメント

肩甲骨をほぐすのと同時に、腕の付け根がどこにあるかを意識する運動です。回しているのは腕ですが、鎖骨のあたりに腕の付け根があると意識しながら大きく回しましょう。腕を大きく動かすことは、上半身のしなりにつながります。

1 足を肩幅に開いて立ち、両手を鎖骨に置く。

2 左肘をできるだけ高く上げて、左肩を後ろに大きく回す。

3

同様に、右肘をできるだけ高く上げて、右肩を後ろ回りで大きく回す。これを繰り返す。

 肘だけで回さない

肘だけで回すのはNG。末端だけの小さな動きになり、肩甲骨に刺激が与えられない。鎖骨あたりに腕の付け根があると意識して大きく回す。

SOCCER ADVICE 上半身を大きくしならせる

肩甲骨は唯一鎖骨を介して靭帯に繋がっています。肩甲骨の可動域を広げるときは、鎖骨の可動域を広げるとより効果的。鎖骨と肩甲骨の可動域を広げることで、上半身のしなりをより大きくすることができる。

12 スパイン・ウェーブ

自分の身体の中心を理解する

背柱 | 肩甲骨 | 股関節

モビリティ / スタビリティ / ムーブメント

立位のまま胸椎を動かすことで、可動域を広げると同時に、自分の身体の中心がどこにあるかを意識する運動です。自分の身体の中心である胸椎から、腕や脚などの末端へ力が伝わっていきます。

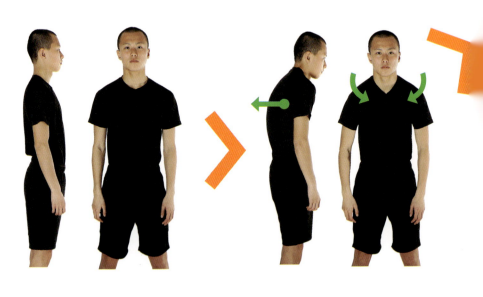

1 足を肩幅に開き、視線を前方に向けて立つ。

2 背中を引き込むように、胸を丸め、連動させて肩を前に出す。

< 3

背中を前方に押し出すように胸を反り、連動させて肩を後ろに引く。これを繰り返す。

NG 頭や腰は動かさない

頭がぶれたり、腰が動いたりしてしまうのはNG。頭と腰は同じ位置のまま、みぞおちの上あたりにある胸骨を動かす。

13 スキャプラ・ムーブ

胸椎を動かして身体の中心を意識する

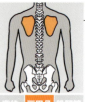

モビリティ　スタビリティ　ムーブメント

「スパイン・ウェーブ」（P.66）と同様、胸椎を動かして身体の中心を意識する運動です。ただし、両腕を前方に伸ばすことで、胸椎のみを動かすのが難しくなっています。自分の身体の中心がどこであるかを感じ、それ以外は動かさないようにしましょう。

1
足を肩幅に開いて立ち、視線は前方に向け、両腕を前方にまっすぐ伸ばす。

2
頭と腰は動かさず、背中を引き込むように胸を丸め、肩を起点に腕を前に出す。

第2章 ヒグトレ 初級編

Point

胸椎と肩のみを動かす

頭と腰はなるべく動かさず、胸椎と肩のみを動かすように意識する。

3 頭と腰は動かさず、背中を前方に押し出すように胸を張り、肩を起点に腕を後ろに引く。これを繰り返す。

Hard Menu 》

仰向けでもやってみる

仰向けになり、両腕を真上に伸ばす。その姿勢のまま同じように胸を反る、丸めるを繰り返す。

14 腸腰筋の引き上げ

脚を根元から動かす

モビリティ　スタビリティ　ムーブメント

股関節を脚の根元と考え、根元から脚全体を動かすメニューです。膝から下だけの動きになると、ボールを蹴るときやダッシュするときに力が伝わりづらく、けがをしやすくなるため、この運動で脚全体をしならせる感覚を養います。

< 1

背筋を伸ばして椅子に座り、両膝を90度に曲げる。

< 2

片脚を股関節の根元から持ち上げる感覚で動かす。

3
限界まで脚を上げた後、真下に脚を落とす。反対の脚も同じように動かす。

NG 背筋を伸ばして座る

椅子にもたれたり、背中を丸めたりするのはNG。また、脚を上下させるときは膝だけで持ち上げるのではなく、股関節の根元から持ち上げる意識を持つ。

SOCCER ADVICE 腸腰筋が大切！

腸腰筋を使い、脚を根元から動かすことによって、力強いキックを蹴ることができます。「ヒップリフト」(P98)などで鍛えたお尻と背中の筋肉を使って、脚を後ろに振り上げた後、その反動を最大限に使うために、腸腰筋の収縮が必要になります。

15 ダイナミックハムストリングス

制限のある姿勢の中で胸椎を動かす

モビリティ / スタビリティ / ムーブメント

脊柱 / 肩甲骨 / 股関節

より窮屈な状態で胸椎を動かすメニューです。可動域に制限をかけた姿勢の中でも、身体の中心を感じて大きく動かすことを意識します。また、膝の伸縮を必ず連動させ、小さな動きの中でも中心と末端の連動を感じましょう。

1 両手を地面につけ、片脚を手の間に置く。もう一方の脚は後方に伸ばす。

2 胸椎を落とすようにして背中を反る。

第2章 ヒグトレ 初級編

3 胸椎を押し上げるように背中を丸め、
前方に出している脚の膝も伸ばす。
これを繰り返す。

背中と膝の動きをセットで行う

背中を丸めた時に、膝を伸ばす動きも必ずセットで行う。この連動がなくバラバラになってしまうと効果が薄れる。

16 肋骨ひねり

腕と身体を連動させる

`モビリティ` `スタビリティ` `ムーブメント`

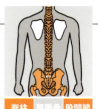
脊柱 / 肩甲骨 / 股関節

上半身と腕の動きを連動させるメニューです。脚と同じように、腕の付け根がどこにあるのかをを感じながら、鎖骨あたりから大きく動かす意識を持ちましょう。

1 脚を90度に開いて座る。片脚を伸ばし、反対の脚をたたんで、伸ばした脚のつま先に両手で触る。

2 右手はつま先を触ったまま、左肩を上げ、頭を入れ込む。

第2章 ヒグトレ 初級編

3 左手でつま先を触りながら右肩を上げて、頭を入れ込む。これを繰り返す。

NG 手だけを動かさない

手先を入れ替えて全体の動きが伴わないのはNG。肩から動かせば、結果的に頭が腕の中に入り込む。

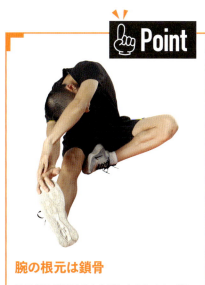

Point

腕の根元は鎖骨

腕の根元が鎖骨のあたりにあるとイメージし、末端だけ動かすのではなく、上半身ごと動かす意識を持つ。脇腹が伸びるのもポイント。

075

17

上半身をより大きくしならせる

ソラシックエクステンション

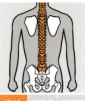

モビリティ / スタビリティ / ムーブメント

椅子を使って胸椎を大きくしならせる運動です。胸椎を中心に、上半身がしなる感覚を養います。大きな力が必要な分、身体にかかる負荷も大きいので、ここまでのメニューをある程度こなせるようになってから取り組むのがよいでしょう。

1

椅子を用意し、両肘をつけて屈む。手の平は合わせて頭の上で組む。両膝は地面につけて膝を90度に曲げる。

2

胸椎をしならせるように上半身を沈みこませ、背中を反る。

3 元の位置に戻る。
これを繰り返す。

NG 頭だけでなく胸も沈ませる

頭を下げるだけの動きは NG。胸椎を沈みこませた結果、頭も下がる、という動きを意識する。

18 バックヒップ・ダイアゴナル

ひねりを使って股関節の可動域を広げる

モビリティ　スタビリティ　ムーブメント

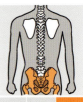

脊柱　肩甲骨　股関節

脚の根元がどこにあるかを認識する運動です。おしりのあたりに股関節があり、そこから脚が伸びていることを意識して、大きく動かしましょう。また、脚は普段あまり後ろ側へは動かさないので、自分の脚がどう動いているかを特に意識します。

1 二人組で行う。うつ伏せになり両肩を地面につける。もう一人は両肩をおさえる。

2 左脚を大きく持ち上げ、腰をひねって逆側へ伸ばす。

第2章 ヒグトレ 初級編

3 反対側も同様に行う。これを左右10回ずつ繰り返す。

 Point

両肩をおさえてひねりを生み出す

両肩をおさえるのは、上半身と下半身のひねりを生み出し、股関節の可動域を広げるため。慣れてきたらおさえなしで一人でやってみよう。

19 フロントヒップ・ダイアゴナル

股関節の前方向の動きを養う

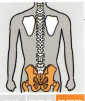

モビリティ　スタビリティ　ムーブメント

「バックヒップ・ダイアゴナル」(P.78) と同じように、根元から動かすことを意識しましょう。後ろ側よりも前側の方が動きやすいので、自分の動きも認識しやすいでしょう。

1 仰向けになり両肩を地面につける。もう一人は両肩を固定する。

2 右脚を根元から持ち上げ、反対側に大きくひねる。

第2章 ヒグトレ 初級編

3 反対側も同様に行う。これを左右10回ずつ繰り返す。

Point
肩は地面につける

股関節から大きく動かすため、上げない方の脚は膝を曲げたり、おしりが地面から離れてもかまわない。ただし、肩は地面につけてひねりを生み出す。

COLUMN

ダイナミックストレッチ

従来の静的ストレッチは、筋肉を伸ばすだけで運動前に行うものとしては不十分であると、現在では考えられています。第1章でも述べたように、筋肉は伸ばすだけでなく、縮める動きも必要です。身体を動かしながら筋肉や関節の収縮ができ、より実戦に近い動きの中で身体をほぐすことができるのが「ダイナミックストレッチ」です。

1 片方の膝を地面につけ、もう片方の脚は前方に出し、膝を90度に曲げる。脚を前に出した側の手は太ももに置き、反対側の腕を真上に伸ばす。

2 腕の伸ばしたまま、脚を出した側に上半身を傾ける。腕を上げた側の身体の側面が伸びていることを意識する。

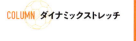

COLUMN ダイナミックストレッチ

3
腕を伸ばしたまま身体を前方へ倒す。背中が伸びていることを意識する。

4
伸ばした腕を膝に置き、反対側の腕を頭の横に添えて、身体をひねる。頭に添えた側の側面が伸びていることを意識する。

5
身体全体を大きく前へ倒し、腕もたたみ込む。背中、太もも、ふくらはぎが伸びていることを意識する。

次のページに続く >

6
脚を前方へ出している方の腕を真上に伸ばす。腕を上げた側の身体の側面が伸びていることを意識する。

7
反対側の腕も同様に真上に伸ばす。

COLUMN **ダイナミックストレッチ**

8

膝を伸ばして両脚を前後に大きく広げ、上半身を前に大きく倒す。両手は前に出した側の足の横に添える。太ももとふくらはぎが伸びていることを意識する。

9

両手を地面につき、前に出していた足を反対の足のかかとに乗せる。地面についた脚の太ももからふくらはぎにかけて伸びていることを意識する。

次のページに続く

COLUMN **ダイナミックストレッチ**

< 10

かかとに乗せていた側の脚をたたみ、上半身で抱え込むようにしゃがみ込む。股関節が伸びていることを意識する。

< 11

上半身を起こし、胸を張る。1～11の一連の動作を、左右を反対にして行う。

第3章

ヒグトレ中級編

第3章で紹介する
トレーニング動画は
こちら

中級編は、主に「スタビリティ」を向上させるトレーニングです。初級編で広がった可動性を、安定させるためのメニューが多くなります。「モビリティ」と「スタビリティ」の両輪が揃うことで、初めて身体の性能がフルに発揮されます。

20 コンプレックス・ブレス

複数の呼吸法を覚える

モビリティ　スタビリティ　ムーブメント

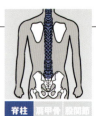

脊柱　肩甲骨　股関節

ここでは呼吸法を整えていきます。胸式、腹式、複合を使い分けることで、自分の身体の筋肉や関節に対する感度を高め、トレーニングの効果を高める狙いがあります。また、呼吸は自律神経も整えるので、集中力を高める効果もあります。トレーニング前に行うのがよいでしょう。動きがないので、動画はありません。

1 両腕を伸ばして手を腰の横あたりに置き、仰向けになる。

2 胸に手を当て、その部分を膨らませる意識で呼吸をする。これが「胸式呼吸」。

3

お腹に手を当て、その部分を膨らませる意識で呼吸をする。これが「腹式呼吸」。

4

片手を胸、片手をお腹に置いて、それぞれ交互に膨らませる。これが「複合呼吸」。

全方向に膨らませるイメージ

いずれの呼吸も鼻から吸って口から吐き、息を吐ききったら3秒止める。また、息を吸ったときには、胸やお腹を全方向にふくらませるイメージを持つ。

21 プランク

体幹を強化しバランス感覚を養う

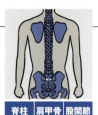

脊柱 | 肩甲骨 | 股関節

モビリティ　スタビリティ　ムーブメント

体幹に刺激を入れ、安定性を養うトレーニングです。姿勢が乱れると余計な筋力を使うことになるので、常に姿勢を一直線に保つようにしましょう。また、呼吸も忘れずに行い、身体の中に酸素を取り入れましょう。

1 うつ伏せになり、90度に曲げた両肘と手の平を地面につける。両脚はまっすぐ伸ばして膝でボールを挟み、つま先は立てる。この体勢のまま、「コンプレックス・ブレス」（P88）の複合呼吸をしながら60秒キープする。視線は下に向けたまま、鼻から吸って口から吐く。

Point

一直線になるように

ボールを両膝で挟むのは、身体のバランスを取るため。耳、肩、股関節、膝、かかとが一直線になるように意識する。

Hard Menu 》

片手を地面から離す

片方の手を地面から離し、前方に真っすぐ伸ばす。呼吸をしながら耳からかかとまでが一直線になるように姿勢をキープする。

Hard Menu 》

片足を少し浮かせる

片方の足を少しだけ浮かす。このとき、ボールを落とさないように姿勢を保ち、耳からかかとまでが一直線になるようにする。

22 スキャプラ・スタビライズ

動きの中で体幹を鍛える

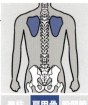

モビリティ　スタビリティ　ムーブメント

「プランク」（P.90）同様、体幹を鍛える運動です。ただし動きが加わる分、「プランク」よりも難易度は高くなります。動く中でも身体のバランスは崩さず、呼吸も忘れずに行うことを意識しましょう。ボールはペットボトルなどで代用してもかまいません。

1 うつ伏せになり、両肘と両手を地面につける。脚は肩幅くらいに開き、つま先は立てる。

2 片方の手を上げて、腕を回転させながら前方に手を伸ばす。

第3章 ヒグトレ 中級編

3 伸ばした手を回転させながら引く。これを左右10回ずつ繰り返す。

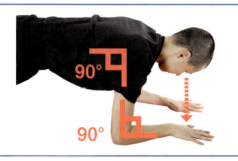

Point

視線は下に向ける

視線は下に向けたまま行う。上半身と上腕、肘が、それぞれ90度に曲がっている状態から始めよう。

SOCCER ADVICE 肩を使ってブロック

相手からのタックルを腕を使ってブロックするとき、肩甲骨を使うことで強くブロックすることができる。

23 サイドブリッジ

別方向の刺激で体幹を鍛える

モビリティ / **スタビリティ** / ムーブメント

脊柱 | **肩甲骨** | **股関節**

「プランク」（P.90）同様、体幹を鍛える運動です。身体を横向きにキープすることで、正面を向いた「プランク」とは別方向の刺激が加わります。はじめは膝を曲げて行うことで、身体を支える面を大きくし、慣れてきたら膝を伸ばして、支点を足だけにしてみましょう。

1〉

身体を横向きにして、片方の肘と膝を地面につける。肘と膝は90度に曲げる。もう一方の手を真上に伸ばし、上半身を浮かせる。この体勢を60秒キープする。

90°

Point
頭から脚を一直線に伸ばす

頭、地面についている肘、膝が三角形の形になるのが理想。また、頭から浮かせている脚までが一直線になるようにする。

第3章 ヒグトレ 中級編

Hard Menu》
膝を伸ばす

頭から足までが真っすぐになるように、膝を伸ばして同じ姿勢をとる。身体を支える点が減り、負担が大きくなる。

Hard Menu》
浮かせた脚を動かす

上半身が下がらないように、浮かせている脚を上下させる。これを30回繰り返す。動きが加わることで、姿勢のキープが難しくなる。

24 4ポイント・ヒップローテーション

股関節の可動域を広げる

モビリティ　スタビリティ　ムーブメント

股関節を回旋させることで、可動域を広げると同時に、安定性も養うメニューです。脚全体を使った大きな動きを身につけることができ、キックやダッシュの際に大きなパワーを伝えることができます。足先だけ動かすのではなく、脚の根元を動かした結果、足首が回る、という意識を持ちましょう。

1 両手と片膝を地面につけ、四つん這いの姿勢になる。腕は伸ばし、地面につけている方の膝は90度に曲げる。

2 上げている脚を根元から回す。

3 反対方向への回旋も同様に行う。
左右10回繰り返す。

股関節から動かす

脚の根元が股関節にあり、根元から回した結果、足先の向きが変わる、という意識を持つ。股関節の可動域を広げ、根元から動かすことで、キックやダッシュで大きなパワーを生むことができる。

NG 姿勢を崩さない

おしりが開いてしまったり、上半身の姿勢が崩れてしまったりするのはNG。身体の動きがバラバラになり、股関節の回旋運動にならない。

25 ヒップリフト

大きな動きから身体を支える

モビリティ　スタビリティ　ムーブメント

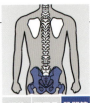
脊柱　肩甲骨　股関節

「プランク」(P.90) 同様、体幹を鍛える運動です。「4ポイント・ヒッププローテーション」(P.96) で股関節を大きく回旋させる運動をした後、その動きを支える感覚を養います。筋力に頼るのではなく、姿勢によって股関節を支えるような意識を持ちましょう。

1
仰向けになって腰を浮かす。両足は地面につけて、膝の間にはボールを挟む。両手はまっすぐに伸ばし、手の平を地面につける。

2
膝でボールを挟んだまま、首から足までが一直線になるように片脚を伸ばす。この体勢を60秒キープする。

3
反対側も同様に行う。

第3章 ヒグトレ 中級編

👆 Point
足の裏で地面を押す意識
地面につけた足の裏は常に地面を押している意識を持つ。また両肩は浮くことなく、地面についたままにする。

NG 身体が一直線になるようにキープ

おしりを下げたり、背中を反ったりしてはいけない。筋力で支えることになり、不要な筋肉がついたり、関節に負担がかかったりしてかえって怪我をしやすくなってしまう。

ひとつの支点で身体を支える

26 シングルレッグ・デッドリフト

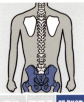

モビリティ　スタビリティ　ムーブメント

脊柱　肩甲骨　**股関節**

殿筋群とハムストリングを鍛えるトレーニングです。動きの中で身体の姿勢を止め、支点が足のみの状態でキープするため、難易度はより高くなります。うまく体重をかかとに落とさないと、筋力で身体を支えることになり、トレーニングの目的が変わってしまうため、支点と体幹を意識して行いましょう。

1 足を肩幅に開いて立ち、両腕は真横に伸ばす。

2 耳から脚までが一直線になるように、片脚を後ろに上げて、上半身を前方に倒し、もう片方の脚で立つ。この姿勢をキープする。左右10回繰り返す。

Point
股関節から脚を持ち上げる

脚を上げるときは股関節から脚全体を持ち上げる意識を持つ。

NG 姿勢を崩さない

左右どちらかに傾くなど、姿勢が崩れてしまうのはNGだ。速く動く必要はないので、姿勢をまっすぐに保つことを最優先に意識する。

27 ディープ・スクワット

股関節の上下の可動域を広げる

モビリティ **スタビリティ** ムーブメント

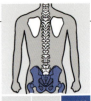

脊柱 | 肩甲骨 | **股関節**

「4ポイント・ヒップローテーション」（P.96）で股関節の回旋運動を鍛えたのに対し、「ディープ・スクワット」では股関節の上下の可動域を広げます。ジャンプのときに深く沈み込み、反動を生かしてより高く飛ぶことができます。足が前に出すぎるなどして、膝やふくらはぎに過度な負担をかけないようにしましょう。

＜ 1

肩幅よりも少し広めに足を開き、つま先は外に向けて立つ。手は胸の前で交差して胸に置く。

＜ 2

姿勢をキープしながら、身体を真下に落とす。これを10回繰り返す。

おしりを真下に落とす

視線を正面に向けたまま、おしりを真下に落とす感覚で屈む。横から見たときに、耳と足首を結んだ線が地面と垂直になっていればOKだ。膝はつま先より前に出ないように注意。膝に負担がかかりすぎるような動きは避けよう。

NG 姿勢に気をつける

膝が足よりも前に出すぎる、背中が丸まる、お尻を突き出すなどの姿勢はすべてNG。筋肉や関節に負担がかかりすぎてしまう。

股関節を軸に身体全体を動かす

28 ヒップ・ウォーキング

`モビリティ` `スタビリティ` `ムーブメント`

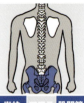
脊柱 肩甲骨 股関節

股関節に脚の根元があるという意識で、全身を動かす運動です。脚の筋力で引っ張るのではなく、根元である股関節を動かして、全身を連動させる意識を持ちます。視線は常に前を向けることで、結果的に胸を張った姿勢を取れるようになります。

1 足を肩幅に開き、視線を前に向けて、おしりを沈みこませる。両手は脚の内側に入れてかかとをつかむ。

2 視線は前方へ向け、胸を張る。手でかかとをつかんだままつま先を上げながら前へ進んでいく。これで3m進む。

Point

手で足を運んでいく

かかとをつかんでいる手で足を運んでいくイメージ。その結果、胸が張られていい姿勢になる。

NG モビリティが必要！

NGのパターンはふたつ。背中が丸まってしまう場合と、お尻を下まで落とせない場合だ。脊柱や股関節の可動域がまだ広がっていない証拠なので、2章のメニューをやり直そう。

29 ヒップ・ジャンプ

腸腰筋の瞬発力を養う

モビリティ　スタビリティ　ムーブメント

脊柱　肩甲骨　股関節

股関節の弾性力を利用して、瞬発力とインナーマッスルを養うトレーニングです。股関節の周辺にある腸腰筋を使い、身体を浮かせます。これまでのトレーニング同様、背中の曲げ伸ばしを強く意識しましょう。太ももの前側の筋肉で跳んでしまうのはNGです。

1 股関節を大きく開いておしりをまっすぐ落として、中腰の姿勢をとる。その体勢のまま両腕で両足首を内側からつかみ、背中を反る。

^2 視線は前を向き、胸を張る。おしりを持ち上げる意識を持ちながらジャンプする。これを繰り返す。

NG つま先から着地しない

視線を落としたり、足首から手が離れてしまったり、つま先で着地するのはNG。股関節の向きが変わり、可動域が養われない。

自然な姿勢を見つける

30 かかとホッピング

モビリティ　スタビリティ　ムーブメント

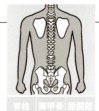

脊柱　肩甲骨　股関節

もっとも立ちやすい姿勢を見つけるメニューです。可動域を広げたり筋力を強化したりするものではなく、感覚を養うエクササイズとなります。自分の体重は足のどこに乗っているかを意識しましょう。

1 足を肩幅に開き、背筋を伸ばして立つ。足の裏を地面につけたまま全身を緩ませる。

2 つま先は地面につけたまま、跳ぶような感覚でかかとを持ち上げる。

第3章 ヒグトレ 中級編

3

軽く膝を曲げ、かかとを地面につける。全身の力を抜いたまま何回か繰り返す。

Another Menu

自分の体重のかかり方を感じる

くるぶしの真下に棒状の物を置いて踏む。自分の体重が足のどこにかかっているかを感じることができ、着地した際の体重がかかるポイントを把握できる。

31 キネティック・チェイン

中心から末端を動かす

`モビリティ` `スタビリティ` `ムーブメント`

脊柱 | **肩甲骨** | **股関節**

骨盤を中心とした全身の連動を意識するトレーニングです。骨盤を動かすことで、連動して腕や脚が動く、ということを意識します。実際の試合では、骨盤を意識するのは難しいので、この運動を繰り返すことで無意識にできるようにしましょう。

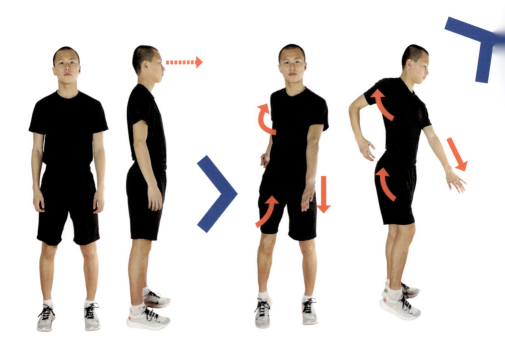

1 全身の力を抜き、足を肩幅に開いて前方を向いて立つ。

2 右肘を後ろへ引き、連動して左の腕を前に出す。右肘に連動して、右の骨盤と右足のかかとが上がっていることも意識する。

3

逆側も同じように、左肘を後ろへ引き、連動して右の腕を前に出す。左肘に連動して、左の骨盤と左足のかかとが上がっていることも意識する。

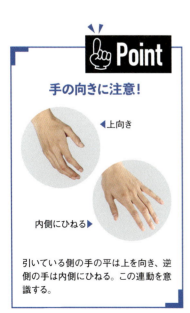

Point
手の向きに注意！

◀ 上向き

内側にひねる ▶

引いている側の手の平は上を向き、逆側の手は内側にひねる。この連動を意識する。

NG 姿勢が前のめりにならない

上半身が前のめりになるのは NG。骨盤を中心とした連動にならず、身体の動きがバラバラになる。また、膝を曲げて足を持ち上げるのも NG。

32 スパイン・ジャンプ 01

股関節を起点とした瞬発力を鍛える

モビリティ　スタビリティ　**ムーブメント**

脊柱　肩甲骨　股関節

背中を起点とした瞬発力を鍛えるトレーニングです。脱力した状態から一瞬で力を入れて、最大限のパワーを発揮できるようにします。ジャンプする際は、足を上げて引っ張るのではなく、胸のあたりを持ち上げて身体を浮かせる意識を持ちましょう。

1　仰向けに寝転がり、両脚を上げて膝を90度に曲げる。顔は少し上げる。

2　脱力しながら両腕を上げ、ジャンプする姿勢の準備を整える。

第3章 ヒグトレ 中級編

3 両腕を勢いよく引き、連動して股関節から身体を持ち上げジャンプする。これを10回繰り返す。

Point

肘と胸を連動させる

股関節を持ち上げるときに、背中を浮かせてジャンプできるのが理想だ。息を吐きながら、肘と胸を連動させるように上半身を動かそう。

33 スパイン・ジャンプ 02

反対方向の瞬発力を鍛える

脊柱 / 肩甲骨 / 股関節

モビリティ　スタビリティ　**ムーブメント**

「スパイン・ジャンプ01」（P.112）と同様、瞬発力を鍛えるトレーニングです。うつ伏せの姿勢から行うので、反対方向の動きになります。脚を伸ばす勢いと、背中を反る力をうまく連動させて、大きなパワーを生み出しましょう。

1 うつ伏せになり両手を浮かす。

2 腰を起点に上半身を少し浮かせ、ジャンプする姿勢を作る。

3 背中も同時に持ち上げてジャンプする。これを10回繰り返す。

SOCCER ADVICE　ヘディングはしなりを利用する

高くジャンプした状態で脊柱のしならせ、その反動を利用してヘディングをすると、強いボールを打つことができる。

COLUMN

自分の身体の可動性を測る姿勢

　某有名映画で話題になった「蜘蛛歩き」。実は、可動域を広げたり、自分の身体がどんな状態にあるかを見たりするのに、最適な運動なのです。

　身体を後ろへ大きく反らすには、股関節を傾け、胸椎を大きくしならせ、肩甲骨も後ろへ回転させる必要があります。本書で重視する3つの部位をすべて同時に刺激する姿勢です。ということは、当然すべての可動性が必要なのです。

　大人になると、多くの人がこの姿勢をとれなくなります。運動の癖や生活習慣によって、関節や筋肉が特定の動きしかできなくなり、それ以外の方向の可動域が狭まるからです。子どもの頃、映画を見てこの歩き方を真似したのに、大人になってできなくなったという方、多いのではないでしょうか。反対に、大人になってもこの姿勢を保ち、さらに歩けるようなら、身体の可動性を維持できているといえるでしょう。ひとつの指標として、無理のない範囲でぜひ取り組んでみてください。

「ブリッジ」の姿勢から「蜘蛛歩き」までできたら、可動性が維持できているというひとつの指標。決して無理のない範囲で取り組んでみよう。

第4章

ヒグトレ上級編

第4章で紹介するトレーニング動画はこちら

上級編では、「モビリティ」と「スタビリティ」を両立させるための「ムーブメント」の向上を図ります。可動性と安定性を同時に発揮し、身体の複数の部位を同時にスムーズに動かすための連動性を向上させていきます。

脚の付け根がどこにあるかを意識する

34 レッグレイズ

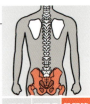

モビリティ　スタビリティ　**ムーブメント**

脚を股関節から動かすという感覚を養うトレーニングです。おしりの奥の方に脚の付け根があると意識して、下半身全体を動かしましょう。同時に腹直筋のトレーニングにもなりますが、筋力トレーニングが目的ではないので、過度な負担にならない回数にとどめましょう。

1　仰向けになり、脇を締める。

2　胸椎を前に出して背中を反らし、両脚を揃えたまま、脚の付け根から持ち上げる。これを10回繰り返す。

NG 膝はまっすぐをキープ

両脚を持ち上げるときに膝を曲げない。太ももに負担がかかってしまい、本来の目的と異なってしまう。

Another Menu

片脚ずつやってみる

両脚を同時に持ち上げるのが難しい場合、片脚ずつ行う方法もある。片脚を下げる反動を利用して、もう片方の脚を上げよう。脚の付け根から持ち上げ、膝を曲げないというポイントは両脚を上げる場合と同じだ。

35 アッパーボディレイズ

上半身をしならせる

モビリティ スタビリティ **ムーブメント**

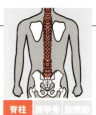

脊柱 | 肩甲骨 | 股関節

上半身をしならせる感覚を養う運動です。頭から起き上がるのではなく、背中の中心あたりを意識して上半身を反らし、その反発力で起き上がります。はじめはゆっくりと行い、上半身をしならせる感覚を養いましょう。

1
仰向けになり、膝を深く曲げる。胸を突き出すように背中を反り、両手は身体の横に置く。

2
膝から下は動かさず、手もなるべく使わないようにして上半身をゆっくりと起こしていく。

第4章 段階別「ヒグトレ」レベル3

90°

3 膝が90度に曲がる状態まで上半身を起こす。これを10回繰り返す。

手を使わずにやってみる

なるべく手を使わずに上半身を起こすことが理想。背中をしならせ、その反発を生かすイメージで上半身を起こしていく。

上半身のしなりと回転を養う

36 クローズローリング

モビリティ　スタビリティ　ムーブメント

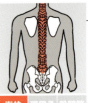

脊柱 | 肩甲骨 | 股関節

上半身をしならせた上で、横へ回転させる運動です。背中の中心あたりを起点にして、腕や脚などの末端が後からついてくるように意識します。手と膝だけで身体を支え、つま先は地面につけないようにしましょう。

1 両膝とつま先を地面に付け、背中を反り、視線は真上に向ける。両手で両足のかかとをつかむ。

2 身体を動かしたい方向の手と膝を地面につけたまま、反対の脚を持ち上げ、手を伸ばしながら全身をゆっくりと大きく回す。

3
内側にある膝を支点としながら、外側の脚をゆっくりと大きく回し、回した手も地面につける。

4
浮かせていた膝も地面につけ、四つん這いのような姿勢になる。肩、腰、膝など、曲げている箇所がなるべく90度に近い角度になるようにする。

Point

脚は股関節から回す

身体の中心が背中の真ん中（脊柱）にあり、腕や脚などの末端が後からついてくるように意識する。また、脚を大きく回す時は、股関節から回すような意識を持つ。

NG 回す脚の膝を伸ばさない

つま先が接地する、回す側の脚の膝が伸びるのはNG。支点としている脚は膝だけを地面につけ、回す側の膝は最初の姿勢の角度のまま動かしていく。

37 オープンローリング
弓矢を引くイメージを持つ

モビリティ　スタビリティ　**ムーブメント**

脊柱　肩甲骨　股関節

「クローズローリング」（P.122）と反対の動きをするメニューです。身体をしならせる感覚を養います。脊柱を中心として、弓矢を引いているようなイメージで、上半身にパワーを溜めている意識を持ちましょう。

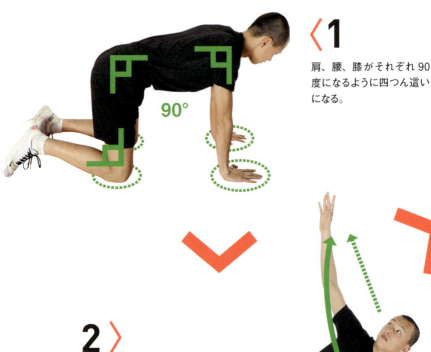

1 肩、腰、膝がそれぞれ90度になるように四つん這いになる。

2 片方の手と膝を支点として、もう片方の手と脚をゆっくりと大きく回す。視線は手を追う。

3 〉

膝を曲げながら身体全体を回し、膝、手の順番で地面につき、上半身を反る。これをクローズローリングとセットで10回繰り返す。

SOCCER ADVICE 倒れずに体勢を立て直すには

相手にぶつかられたり、急にターンをしたりする際に、脊柱のしなりを利用することで、倒れずに体勢を立て直すことができます。

38 クローズトランクローリング

身体の芯を感じて回転する

`モビリティ` `スタビリティ` `ムーブメント`

脊柱 肩甲骨 股関節

身体に一本の芯が通っていることを感じながら、その芯を中心に全身を回転させます。同時に、腕と脚も伸縮させるため、中心と末端の連動も意識しましょう。肘や膝をついてしまうと、支点が増えて筋力だけの動きになってしまうので NG です。

1 仰向けになり、両膝と両肘をくっつける。両手は首の後ろにそえる。

2 片方の腕と脚を伸ばしながら、身体の芯を意識して回転する。

3 上半身とおしりを支点として腕と脚を浮かせ、外側の脚と腕を伸ばしながら、ゆっくりと回転させる。

4 最後はうつ伏せになる。両腕と両脚は浮かし、お腹で身体を支える。

NG 支点の脚と腕はまっすぐ

支点側の膝と肘が曲がってしまうのはNG。まっすぐな姿勢を保って回転する。

Point

体幹を軸に回転する

脊柱を中心とした体幹部分を軸に回転することを意識する。常に両膝と両腕は浮かすようにする。

39 オープントランクローリング

中心と末端の連動を意識する

モビリティ スタビリティ **ムーブメント**

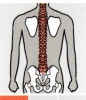

脊柱 肩甲骨 股関節

「クローズトランクローリング」（P.126）と反対の動きで、元の姿勢に戻ります。「クローズトランクローリング」とまったく同じ姿勢を逆再生するような形が理想です。「クローズトランクローリング」と同様、身体に一本の芯が通っていることを感じながら、中心と末端が連動していることを意識します。

1 うつ伏せになり手脚を伸ばす。両腕と両膝は地面から浮かし、お腹を支点とする。

2 上半身とおしりを支点として、外側の腕と脚をたたみながら、身体を後ろへゆっくり回す。

3 腕をたたみながら回転する。仰向けになったら、両膝と両肘をつけ、手を後頭部に添える。

40 マルチローリング

体幹を軸に身体をコントロールする

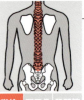

モビリティ　スタビリティ　**ムーブメント**

脊柱 | 肩甲骨 | 股関節

さまざまな方向へ、体幹を軸にして身体をコントロールすることで、中心から動かす感覚を養うメニューです。どこにでも動ける状態を作ることで、試合中に相手にタックルされた時も踏ん張りがきき、多少体勢が崩れたとしても耐えて持ち直せるようになります。脊柱を中心に動き、ゆっくりと動かすことを意識しましょう。

1

足の裏同士をつけ、両手で両足をつかんで座る。足は身体から少し離れたところに置き、両膝は地面につけない。

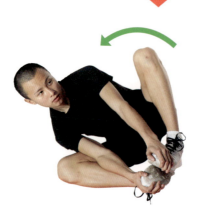

2

身体を傾け右膝を地面につけ、上半身を右斜め後ろに倒す。

3 動きを止めずに転がり、背中をつけて逆側を向く。

4 反動を利用して身体を起こし、反対側を向く。

5 もう一度繰り返し、最初の姿勢に戻る。これを逆回りでも行う。最終的に10回程度繰り返せるようになるのが理想。

41 スパインローリング

脊柱を覆っている筋肉に作用する

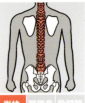

モビリティ　スタビリティ　**ムーブメント**

脊柱　肩甲骨　股関節

マルチローリング（P.128）と同じように、体幹を軸にした動きを行うトレーニングです。運動の方向が前後になり、脊柱を覆っている筋肉により負荷をかける運動になります。マルチローリングと同様に、無理な体勢を立て直すことにつながるメニューです。

< 1
「マルチローリング」と同じ姿勢で座る。

< 2
上半身を真後ろに倒し、背中を地面につける。同時に、脚を伸ばしはじめる。

3

伸ばした脚を頭の上まで動かし、足先を地面につける。ここで数秒止まる。

4

伸ばした脚を元の位置にへゆっくり動かし、頭が上がってきたら再び足の裏同士をつける。

5

最初の姿勢に戻る。これを10回繰り返す。

42 スパイダー

各部の可動域を最大限に開く

モビリティ スタビリティ **ムーブメント**

脊柱 | 肩甲骨 | 股関節

肩甲骨、脊柱、股関節と、全身を満遍なく連動させるメニューです。各部の可動域を最大限に使って、ダイナミックな動きをできるようにしましょう。このメニューをうまくこなせない場合は、いずれかの可動域が十分に広がっていないので、第2章のメニューをやり直してみて下さい。

1 腕を横に広げ、肘は曲げて手を顔の横に置き、うつ伏せになる。

2 一方の脚を伸ばしたまま、片方の脚を90度に曲げる。脚を伸ばした側の手を前に伸ばす。

③ 反対の手足も同様に動かし、前方に進む。これを繰り返す。

 Point

股関節から脚を動かす

脚の根元が股関節にあることを意識し、できるだけ大きな動きを意識する。低い姿勢を保ちながら、脚を前方に動かしていく。

NG 足裏全体で接地する

膝を曲げた時、曲げた側の脚はつま先立ちになり、膝が寝てしまうのはNGだ。足裏全体で接地し、膝は立てる。

43 肩甲骨腕立て伏せ

肩甲骨で上半身を上下させる

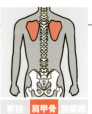

モビリティ　スタビリティ　ムーブメント

通常の腕立て伏せとは違い、肩甲骨を動かすことによって、全身を上下させる腕立て伏せです。肩甲骨の可動域を広げ、上半身を大きく使えるようになります。肘の曲げ伸ばしはせず、肩の関節を動かすような意識で腕立て伏せをしましょう。

1 両手を肩幅くらいに開いて地面につけ、両足はつま先で立つ。

2 腕は動かさず、肩甲骨を起点に身体を上下させる。

Another Menu

肘をつけてやってみる

肘を地面につけた姿勢で、同じように肩甲骨の上下で腕立て伏せをする。腕にかかる負担が減るので、行いやすくなる。

Hard Menu

手の幅を広げる

両手を肩幅以上に開き、肘を90度に曲げて肩甲骨を上下させる。腕の筋肉にかかる負荷が増え、筋力トレーニングの要素が増す。

身体の根元から動かす意識をつける

44 胸椎背筋

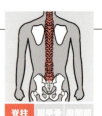

胸椎を意識して、上半身を反る動きを行います。身体を中心から大きく動かすことを前提に、筋力の負荷も高める運動です。脚と上半身の根元が、身体の奥深い位置にあることを意識し、中心から動かしましょう。

90°

1 うつ伏せになり、胸と肘を浮かす。肘は90度に曲げる。両脚を浮かせて、片方の膝は内側に曲げて、もう一方の脚は伸ばす。

Point
胸から反る意識を持つ

ここで意識するのは胸だ。腰から反るのではなく、胸椎を動かすことで、上半身を上下させる。腰から動かすと、広背筋を鍛えるトレーニングになってしまう。

2 お腹あたりを支点に、脚と上半身を根元から上げる。これを繰り返す。

 Point

脚の根元から持ち上げる

脚を上げるときは、おしりのあたりに脚の根元があることを意識して大きく持ち上げる。上半身も同様に、身体の根元を意識して連動させる。

SOCCER ADVICE　強いキックを蹴るには

強いキックを蹴るには、脊柱をしならせて、その反動で脚を強く押し出します。その脊柱のしなりを養うのがこの運動です。さらに、しなりの反動を生かすためには、腸腰筋を伸縮させる力（P.70）が必要です。

複数の箇所を同時に動かす

45 コンビネーション・スパイン

脊柱　肩甲骨　股関節

モビリティ　スタビリティ　**ムーブメント**

腕、脚、上半身を同時に動かす、連動性を養うメニューです。自分の思い通りに身体を動かすトレーニングとなります。各部位を動かすときは、根元から速く大きく動かすことを必ず意識しましょう。

90°

1 うつ伏せになり、腕を横に伸ばして、両肘を90度に曲げる。足は肩幅くらいに開く。

2 右腕を上げると同時に右脚も上げる。

第4章 ヒグトレ 上級編

3 左腕を上げると同時に左脚も上げる。

4 両手を上げると同時に両脚を上げる。これを10回繰り返す。

46 ダイナミック・スパインリアクション

胸椎を使った背筋運動

モビリティ　スタビリティ　**ムーブメント**

二人組で行う背筋運動です。うつ伏せになった人の足裏にもう一人が座ることで、下半身を固定し、上半身の大きな動きを養います。単なる背筋運動ではなく、胸椎を起点として動かすことを意識しながら行いましょう。

1

一人がうつ伏せになり両膝を立て、胸を軽く浮かし視線は前を向ける。立てた脚の上にもう一人が乗る。

2
胸椎を起点に大きな動きで上半身を起こす。これを10回繰り返す。

Point

視線を前に向ける
肘を曲げて視線を前に向けることで、上半身を大きく動かすことができる。視線を下に向けてしまうと意識が下に向いてしまい、身体を起こす時に筋力を使う割合が増える。

SOCCER ADVICE　視野を確保するには

胸を張ることで顔が上がり、視野を確保できる。ドリブルをするときに周りの状況をつかみやすくなり、パスやシュートなどの次の動作を適切に選べるようになる。

47 プッシュジャンプ

可動域と瞬発力を養う

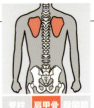

モビリティ　スタビリティ　**ムーブメント**

肩甲骨の可動域を利用したジャンプ運動です。肩甲骨の可動域を広げると同時に、上半身の瞬発力も養うことができます。なるべく肘を曲げない状態で行いましょう。ただし、肩にかかる負担が大きいので、まずは5回程度から始め、少しずつ回数を増やしていきましょう。

1 腕立て伏せの姿勢をとり、もう一人が両足首を持つ。

2 この状態から肘を曲げずに肩甲骨を上半身に沈める。

3 肩甲骨を元に戻す反動でジャンプする。

4 着地して元の体勢に戻る。これを繰り返す。

COLUMN

肩甲骨はがし

「肩甲骨はがし」は、エクササイズというより、肩甲骨をどれくらい動かせることができるかを確認するメニューです。四つん這いになり、肩甲骨は動かさず身体を沈みこませることで、肩がどのくらい浮き上がるかを見ていきます。定期的に行い、動画や写真を撮ったり、他の人に見てもらったりして、自分の身体がどう変化していったのかを見ていくとよいでしょう。

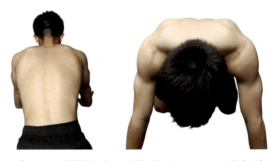

四つん這いになり、肩甲骨を寄せて胸椎を押し出すようにして上半身を沈める。

背中から肩甲骨が浮き出る。これがどれだけ浮いてくるかで、肩甲骨の可動域が見える。

第5章

ヒグトレ
発展編

第5章で紹介する
トレーニング動画は
こちら

最後は「パフォーマンス」を高めるメニューです。ピラミッドでいうと、これまでの「モビリティ」「スタビリティ」「ムーブメント」の上に乗る部分です。ここではトレーニングジムにある器具も使用するので、実際のトレーニングはジムで行うとよいでしょう。

48 スクワット

お尻を使った身体の上下運動

パフォーマンス

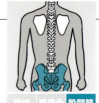

マシンを用いてスクワットを行います。おしりをまっすぐに落とすことで、股関節の可動域が広がっていることを意識しましょう。マシンがない場合も、おしりと膝の注意点を守れば、自重で行うことができます。正しいフォームで10回できる重さで行いましょう。

1
両腕を肩幅よりも大きく広げてバーをつかみ、バーによりかかる。

〈 2

おしりをまっすぐに落とすような意識で、膝とお尻が90度になるまで身体を下げる。10回を3〜5セット繰り返す。

第5章 ヒグトレ 発展編

👆 Point

膝を「落とす」感覚

膝は「落とす」感覚で曲げ伸ばしすることがポイント。おしりを下げることによる股関節の伸縮が目的なので、膝で踏ん張ってふくらはぎや太ももに負荷がかかってしまうのはNGだ。

 膝が前に出ないように

足より膝が前に出すぎてしまうのはNG。股関節の可動域が広がらず、太ももの筋肉だけを使ったスクワットになってしまい、かえって怪我をしてしまう恐れがある。かかとに体重を乗せることを意識する。

49 ベンチプレス

胸椎のしなりを利用したベンチプレス

パフォーマンス

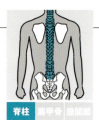
脊柱 | 肩甲骨 | 股関節

マシンを使い、ベンチプレスを行います。腕の筋力に頼ったトレーニングではなく、胸椎のしなりの運動を利用して持ち上げる意識を持ちましょう。正しいフォームで10回できる重さで行いましょう。

1

マシンに仰向けになりバーに手を添える。肩甲骨を寄せて、胸椎と腰椎は反らし、胸を張るようにかまえる。

2

背中を丸めると同時に肩甲骨を広げ、骨盤を寝か（後傾さ）せる。その反動でバーを持ち上げる。バーは握らず、末端に力を使わないようにする。10回を3〜5セット繰り返す。

NG 腕の力だけで持ち上げない

上半身の動きなく、腕の動きだけで持ち上げるのはNG。単純な筋力トレーニングになり、目的が変わってしまう。

上半身のしなりを生かして懸垂をする

50 懸垂

パフォーマンス

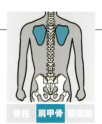

「ベンチプレス」(P.150)同様、胸椎の反る動きと丸める動きを利用して、懸垂運動を行います。ただし、自重がすべて腕にかかるため、「ベンチプレス」よりも筋力トレーニングの要素は大きくなります。

1 両腕を大きく広げてバーをつかむ。
胸椎はややそらす。

2 背中を丸めながら身体を持ち上げる。この時、頭はバーよりも前に出す。20回を5セット繰り返す。

NG 頭はバーの前へ上げる

頭がバーの後ろを超えてしまうのはNG。純粋な筋力トレーニングのみになってしまい、目的が変わってしまう。

胸椎と末端を連動させる

ローイング

パフォーマンス

脊柱　肩甲骨　股関節

座った状態で上半身を大きくしならせる運動です。身体の中心にある胸椎の動きと、末端である腕の動きを連動させます。こちらも筋力トレーニングが目的ではないため、重りはもっとも軽いものでかまいません。

1 座った状態で器具に軽く指をかけ、背中をできる限り丸め、肩甲骨を開く。頭も両腕の間に入れ込む。

👆 Point

広背筋を意識する

広背筋が大きく広がっていることも感じよう。人間の身体の中でもっとも大きい筋肉で、広背筋をうまく使えるかどうかも、サッカーでは重要になってくる。

2 胸を張ると同時に頭を起こし、両腕を一気に引く。肩甲骨を閉じる。10回を3～5セット繰り返す。

NG 腕の力だけで動かさない 腕の動きだけになってしまうのはNG。筋力トレーニングは本来の目的ではない。

52 ラットプルダウン

末端の方向を変えて連動させる

パフォーマンス

「ローイング」(P.154) 同様、胸椎と腕の動きを連動させるメニューですが、腕が動く方向が変わります。多様な方向に動かすことによって、肩甲骨の可動域も広がり、どんな動きも連動させることができます。

1 座った状態で器具をつかみ、背中をできる限り丸め、頭も腕に入れ込む。

👆 Point
手は指をかけるだけ

手は指をかけるだけ。手の平で握ると腕に力が入って、腕の筋力トレーニングになってしまう。

第5章　ヒグトレ　発展編

2 胸を張ると同時に頭を起こし、両腕を一気に引く。
10回を3〜5回繰り返す。

NG　腕だけで動かさない

腕の動きだけになってしまったり、手の平で器具を握ってしまったりするのはNG。背中や肩甲骨への意識が弱まり、腕の筋力トレーニングになってしまう。筋力トレーニングは本来の目的ではない。

COLUMN

試合前後にとるべき食事

　育成年代の成長において、欠かせないのが食事です。サッカーの試合では、激しい運動により多くのエネルギーが消費されます。身体のケアのために、運動後のストレッチやクールダウン、睡眠が必要なのと同じくらい、食事による栄養補給も求められます。とはいえ、毎日の食事でビタミン〇〇グラム、タンパク質〇〇グラム……と完璧に意識するのも難しいもの。そこで、ここでは試合前後に摂るべき栄養素と、それを手軽に摂れるスーパーやコンビニの商品をご紹介します。

　まず試合前は、身体を動かすエネルギーとなる糖質を多く摂るようにします。お米やパン、うどんなどの主食の多くに含まれています。逆に、あまりとるべきではないのが脂質です。唐揚げや天ぷらなどの揚げ物には脂質が多く含まれており、胃で消化する際に多くのエネルギーが必要なため、試合前に知らず知らずのうちに疲労が溜まってしまいます。

　試合後には、運動や接触によってダメージを受けた筋肉を回復させるための栄養素を摂りましょう。具体的には、タンパク質と糖質、そしてビタミンです。タンパク質はヨーグルトやゆで卵、ビタミンはオレンジジュースや果物から摂るとよいでしょう。

　ただし、ここに書いてあるものを食べれば問題ない、ということではありません。あくまで補食としてとるならこれ、という意味です。ご家庭での食事はしっかりととりましょう。

試合前後
おにぎりはお米の糖質、海苔の鉄分と、試合前には理想的なメニューです。具はシャケやタラコがいいでしょう。

試合後
運動後はヨーグルト、ゆで卵などでタンパク質をとり、果汁100%のオレンジジュースなどで糖質とビタミンを摂ります。

PROFILE

樋口 敦
Atsushi HIGUCHI

1983年6月13日生まれ、岡山県出身。理学療法士、日本スポーツ協会公認アスレティックトレーナー。大学卒業後、千葉県、神奈川県のスポーツ整形外科に勤務。スポーツ選手を中心に20,000人以上のリハビリを行う。2011年、ファジアーノ岡山(当時J2)の理学療法士に就任。プロサッカー選手のリハビリ、コンディショニング、トレーニングを2年間担当。現在はJリーガーやアマチュア選手のパーソナルトレーナーを務める。

Twitter　@1983physio

MODEL

鷲野 晴貴
Haruki WASHINO

坂本 寛之
(早稲田大学ア式蹴球部 3 年)
Hiroyuki SAKAMOTO

梁 賢柱
(早稲田大学ア式蹴球部 3 年)
Hyonju RYAN

構成・文／中村僚
カバー・本文デザイン／松浦竜矢
カバー写真／株式会社アフロ
本文写真／松岡健三郎・Getty Images
映像編集／吉田貴臣
映像撮影・編集／西尾正輝・福田理沙・佐藤裕亮
編集協力／塚原淳生
イラスト／中山けーしょー
協力／蓮川雄大
撮影協力／BELE BODYMAKE STUDIO 用賀・STUDIO SQUINT
編集／加藤健一（株式会社カンゼン）

10代のための新しいトレーニング
ヒグトレ
背中を柔らかく鍛えるとサッカーはうまくなる

発行日　2019年6月27日　初版

著　者　樋口　敦

発行人　坪井　義哉

発行所　株式会社カンゼン

〒101-0021　東京都千代田区外神田2-7-1 開花ビル
TEL 03(5295)7723
FAX 03(5295)7725
http://www.kanzen.jp/
郵便為替　00150-7-130339

印刷・製本　株式会社シナノ

万一、落丁、乱丁などがありましたら、お取り替え致します。
本書の写真、記事、データの無断転載、複写、放映は、著作権の侵害となり、禁じております。

©Atsushi Higuchi 2019
ISBN 978-4-86255-518-2
Printed in Japan
定価はカバーに表示してあります。

ご意見、ご感想に関しましては、kanso@kanzen.jpまでEメールにてお寄せ下さい。お待ちしております。

※本書における所属チーム等のデータは、2019年5月現在のものになります。